Luan Ferr

Kosmische Spiritualität
Verbindung mit Wesen des Lichts für das
Erwachen der Seele

Urheberrecht
Originaltitel: Espiritualidade Cósmica
Copyright © 2023, veröffentlicht im Jahr 2024 von Luiz Antonio dos Santos ME.

Dieses Buch erforscht spirituelle Praktiken, Meditation und die Verbindung mit kosmischen Energien und bietet einen Leitfaden zur Selbsterkenntnis und Bewusstseinserweiterung. Es soll zur persönlichen und spirituellen Entwicklung anregen, ist aber kein Ersatz für medizinische, psychologische oder therapeutische Beratung.

Kosmische Spiritualität
Zweite Auflage
Produktionsteam der zweiten Auflage
Autor: Luan Ferr
Lektorat: Virginia Moreira dos Santos
Grafische Gestaltung und Layout: Arthur Mendes da Costa
Umschlag: Anderson Casagrande Neto
Übersetzung: Stefan Weber

Veröffentlichung und Kennzeichnung
Kosmische Spiritualität / Von Luan Ferr
Ahzuria Verlag, 2024
Kategorien: Körper, Geist und Seele / Spiritualität
DDC: 158.1 - CDU: 613.8
Copyright Hinweis
Alle Rechte vorbehalten:
Buchlas Verlag/ Luiz Antonio dos Santos ME

Dieses Buch darf ohne ausdrückliche Zustimmung des Urhebers weder ganz noch teilweise in elektronischer oder gedruckter Form vervielfältigt, verbreitet oder übertragen werden.

Inhaltsverzeichnis

Vorwort 5
1 Kosmische Spiritualität 10
2 Lehren und kosmische Philosophie 13
3 Praktiken der Meditation 16
4 Kommunikation mit Wesen des Lichts 23
5 Anwendungen der Kosmischen Spiritualität 30
6 Selbst-Entdeckung und Selbst-Erkenntnis 37
7 Emotionale Transformation und innere Heilung 45
8 Intuition und übersinnliche Fähigkeiten 49
9 Erweiterung des individuellen Bewusstseins 59
10 Tugenden und Werte der Wesen des Lichts 64
11 Die transformative Kraft des Würfels des Lichts 68
12 Grundlagen der kosmischen Meditation 73
13 Meditation zur Verbindung mit der Quelle 77
14 Vertiefung der Verbindung 80
15 Kosmisches Raumschiff Meditation 84
16 Meditation in das tägliche Leben integrieren 87
17 Das Höhere Selbst 93
18 Kommunikationstechniken 97
19 Channeln und Botschaften 101
20 Spirituelle Führung und persönliches Wachstum .. 105
21 Ko-Kreation mit dem Höheren Selbst 121
22 Energetische Prinzipien 126
23 Übungen zur Energieausrichtung 136
24 Heilung und Gleichgewicht 143

25 Energie-Zentren 162
26 Energetische Ausrichtung und Lebensstil 168
27 Bewusste Manifestation 184
28 Kreative Visualisierung... 188
29 Ermächtigende Manifestation 193
30 Ausgerichtete Ko-Schöpfung 201
31 Ebenen des Bewusstseins... 206
32 Erweiterung des Bewusstseins 209
33 Höhere Dimensionen und Wesen des Lichts 215
34 Spirituelle DNA 219
35 Integration der Bewusstseinsausweitung 223
36 Harmonie der Natur mit dem Universum 229
37 Beziehungen... 233
38 Dienst an anderen... 238
Danksagung... 241

Vorwort

Spiritualität ist ein wesentliches Merkmal des menschlichen Wesens. Von Geburt an spürt jedes Wesen unbewusst eine Leere, die nur durch etwas Größeres als sich selbst ausgefüllt werden kann. Diese Suche nach dem Transzendenten ist universell, aber die Vielfalt der Erfahrungen, Kulturen und Gedanken macht es schwierig, einen einzigen Weg als „den richtigen" zu identifizieren. Bei den vielen Formen des Glaubens und der Spiritualität, die es gibt, besteht die Herausforderung darin, diejenige zu finden, die mit dem Wesen des Einzelnen übereinstimmt.

Der Mensch ist im Grunde das Ergebnis einer Vielzahl von Varianten, die ihn in seinen Wahrnehmungen und seinem Verständnis einzigartig machen. Was für den einen natürlich und selbstverständlich erscheint, kann für den anderen unverständlich oder gar absurd sein. So wie es nicht möglich ist, dass eine einzige Sichtweise alle Arten des Denkens und Fühlens umfasst, so ist es auch unvernünftig anzunehmen, dass es eine einzige Form der Spiritualität gibt, die der Vielfalt des menschlichen Bewusstseins gerecht wird.

Nach umfangreichen Studien, Konsultationen mit Meistern aus verschiedenen Traditionen und Konfrontationen von Ideen, die auf Forschung und Erfahrung beruhen, hat sich eine wesentliche Schlussfolgerung herauskristallisiert: Alle Formen der Spiritualität, die wir kennen, stellen nur einen kleinen Bruchteil der Weite des Universellen Bewusstseins dar. Diese Formen sind Manifestationen, die das höhere Bewusstsein oder die göttliche Quelle gefunden hat, um eine Verbindung mit den Menschen herzustellen, wobei sie sich an die Grenzen des Verständnisses eines jeden Menschen anpassen. Dieses Bewusstsein, das sich in zahllose Facetten aufteilt, passt sich den menschlichen Besonderheiten an und bietet Wege an, die uns auf unserer Reise der Selbstentdeckung begleiten.

Innerhalb dieses riesigen spirituellen Feldes spielen die Wesen des Lichts eine grundlegende Rolle. Diese hochentwickelten Wesen bewohnen höhere Dimensionen und bieten der Menschheit Führung und Unterstützung auf ihrer spirituellen Reise. Schon in den frühesten Zeiten, als die Vorfahren der Menschheit noch in Höhlen lebten, waren die Wesen des Lichts präsent und halfen bei der Entwicklung des menschlichen Bewusstseins. Höhlenmalereien, wie die in der Chauvet-Höhle in Frankreich, die 36.000 Jahre alt sind, deuten auf eine tiefe spirituelle Verbindung hin, die schon damals bestand.

Im Laufe der Geschichte wurden die Wesen des Lichts auf unterschiedliche Weise erkannt, je nach der Fähigkeit der jeweiligen Kultur, sie zu interpretieren. Von Engeln bis zu Göttern haben sich ihre Erscheinungsformen verändert, aber ihr Wesen ist dasselbe geblieben: Sie sind kosmische Führer, die der Menschheit helfen, ihre Verbindung mit der göttlichen Quelle und die universelle Verbundenheit zu verstehen. Heute ziehen es Gelehrte und Praktiker vor, sie einfach Lichtwesen zu nennen, da sie in ihnen einen universellen Ausdruck von Liebe, Mitgefühl und Weisheit erkennen.

Diese Wesen beobachten nicht nur, sondern helfen aktiv bei der spirituellen Entwicklung der Menschheit. Durch Channeling, persönliche Erfahrungen und transzendentale Begegnungen berichten viele Menschen, dass sie ihre Gegenwart spüren, die Frieden, Führung und Heilung bringt. Ihre Weisheit übersteigt die Grenzen von Zeit und Raum und bietet Lehren an, die die Menschen mit dem riesigen energetischen Netzwerk des Kosmos verbinden.

Kosmische Spiritualität ist ein Ansatz, der die verschiedenen Formen des Glaubens in einem integrierten Modell vereint, das auf Prinzipien wie bedingungsloser Liebe, Mitgefühl und Verbundenheit beruht. Die Erkenntnis, dass alle Wesen durch ein universelles Energienetz verbunden sind, ist der erste Schritt zum Verständnis der Dimension des kosmischen Bewusstseins und der Rolle der Lichtwesen.

In diesem Zusammenhang sind Praktiken wie Meditation, Selbstbeobachtung und Selbstentfaltung unverzichtbare Werkzeuge zur Bewusstseinserweiterung. Meditation zum Beispiel beruhigt nicht nur den Geist, sondern öffnet auch die Tore zu höheren Dimensionen und ermöglicht es, Zustände des Friedens und der Klarheit zu erleben. Diese Praktiken tragen dazu bei, den göttlichen Funken in Ihnen zu nähren und Sie mit dem unendlichen Fluss der kosmischen Energie zu verbinden.

Ein weiterer grundlegender Aspekt ist die Suche nach Gleichgewicht und Harmonie. Die kosmische Spiritualität betont, wie wichtig es ist, Körper, Geist und Seele in Einklang zu bringen und ein ausgeglichenes Leben zu führen, das sowohl den materiellen als auch den spirituellen Bedürfnissen gerecht wird. Zu diesem ganzheitlichen Ansatz gehört auch die Wertschätzung der Natur als wesentlicher Teil dieser universellen Verbindung.

Spirituelle Transformation ist untrennbar mit innerer Heilung verbunden. Energieheilungstechniken, wie sie von den Wesen des Lichts gelehrt werden, helfen dabei, negative Muster loszulassen und die angeborene Heilkraft zu wecken, die in jedem von uns existiert. Indem du dich auf Transformation einlässt, befreist du dich von Begrenzungen und erweiterst dein Potenzial, so dass sich dein Bewusstsein auf höheren Ebenen entfalten kann.

Dieses Buch ist eine Einladung an Sie, sich auf eine Reise zur Erweiterung Ihres Bewusstseins zu begeben und sich mit der uralten Weisheit der Wesen des Lichts zu verbinden. Indem du die hier vorgestellten Lehren und Praktiken erforschst, wirst du die Möglichkeit haben, neue Dimensionen von dir selbst und dem Universum zu entdecken. Öffne deinen Geist und dein Herz für diese Erfahrung und erlaube den Worten und Lehren der Wesen des Lichts, dich zu einem tieferen Verständnis des Lebens und der Weite des kosmischen Bewusstseins zu führen.

Möge diese Reise das Erwachen deiner wahren Essenz inspirieren und dir die unendliche Schönheit deiner Verbindung mit dem Kosmos offenbaren.

1
Kosmische Spiritualität

Die Wesen des Lichts sind faszinierende kosmische Wesenheiten, die die Neugierde und Bewunderung derjenigen wecken, die die Spiritualität erforschen wollen. Dieses Buch befasst sich mit den Ursprüngen und einzigartigen Eigenschaften dieser Wesen und erklärt, wer sie sind und welche Rolle sie in der Spiritualität im Allgemeinen spielen.

Die Wesen des Lichts sind eine hochentwickelte Zivilisation, deren Weisheit und Wissen die Grenzen von Raum und Zeit übersteigt. Es wird angenommen, dass sie ein so fortgeschrittenes Bewusstseinsstadium erreicht haben, dass sie in der Lage sind, Zugang zu höheren Dimensionen zu erhalten und sich mit der kosmischen Weisheit und der Quelle von allem, was existiert, zu verbinden. Ihr interdimensionaler Zugang ermöglicht es ihnen, in niedrigere Dimensionen einzutauchen, um die spirituelle Evolution von Wesen des geringeren Lichts, wie den Menschen, zu unterstützen.

Eine der auffälligsten Eigenschaften der Wesen des Lichts ist ihre tiefe Verbindung mit der Energie des Lichts. Sie sind bekannt für ihre hohe energetische Schwingung und ihre Fähigkeit, bedingungslose Liebe auszustrahlen. Diese Strahlung gilt als heilend und transformativ, sie ist in der Lage, das Bewusstsein zu erwecken und körperliche, emotionale und geistige Heilung zu fördern.

Sie sind äußerst mitfühlende und altruistische Wesen. Ihr Wesen ist von einem tiefen Gefühl des Dienstes an anderen und der universellen Liebe durchdrungen. Sie glauben an die Bedeutung eines Beitrags zum kollektiven Wohlergehen und an die Fähigkeit eines jeden Menschen, sein maximales Potenzial innerhalb der Grenzen, die der menschliche Zustand zulässt, zu entfalten.

Die Wesen des Lichts sind auch für ihre Weisheit und ihr Wissen bekannt. Sie haben ein tiefes Verständnis der universellen Prinzipien und der Gesetze, die den Kosmos regieren. Durch Meditation und die Verbindung mit der kosmischen Weisheit werden Sie in der Lage sein, Einsichten und Offenbarungen zu erhalten, die Ihnen bei Ihrem spirituellen Erwachen und Ihrem individuellen Wachstum helfen werden.

Eine weitere interessante Eigenschaft der Wesen des Lichts ist ihre Fähigkeit zur telepathischen Kommunikation. Sie sind in der Lage, Informationen durch den Geist zu übermitteln und zu empfangen, ohne dass Worte oder verbale Sprache erforderlich sind. Diese Form der subtilen Kommunikation ermöglicht den Austausch von direktem Wissen und Lehren und erleichtert die Übermittlung von Botschaften, Weisheit und spiritueller Führung.

In der kosmischen Spiritualität wird die Verbindung mit Wesen des Lichts oft zur Heilung, Führung und Bewusstseinserweiterung gesucht. Sie können Heilenergie manipulieren, um auf die Wiederherstellung des Energiegleichgewichts und die Aktivierung der spirituellen DNA hinzuwirken.

Das Wissen um den Ursprung und die Eigenschaften der Lichtwesen ist nur der erste Schritt auf der Reise zur Erforschung der Spiritualität. Im Laufe dieses Buches werden wir uns eingehend mit ihren Lehren, Meditationspraktiken, der Kommunikation, der Anwendung im täglichen Leben, der Selbstfindung, der emotionalen Transformation, der Entwicklung der Intuition, der Erweiterung des individuellen Bewusstseins und anderen Themen befassen.

Machen Sie sich bereit, sich von der Weisheit der Lichtwesen verzaubern zu lassen und zuzulassen, dass ihre Gegenwart Ihren spirituellen Weg erhellt und Ihnen neue Horizonte des Wachstums und des Erwachens eröffnet.

2
Lehren und kosmische Philosophie

Willkommen in der Weisheit der Wesen des Lichts, einer Philosophie, die auf einem tiefgreifenden Verständnis der universellen Gesetze und der multidimensionalen Natur der Existenz beruht. Du wirst in die Tiefen der Lehren geführt und öffnest damit Türen zu einer transformativen Reise der Selbstentdeckung und des spirituellen Wachstums.

Die Wesen des Lichts erkennen die vernetzte Natur aller Dinge und verstehen, dass jeder von uns ein aktiver Mitschöpfer seiner eigenen Realität ist. Diese Philosophie wird von vielen anderen spirituellen Traditionen geteilt und lädt uns ein, über die Grenzen des menschlichen Verstandes hinaus zu sehen. Es ist eine Einladung, das Bewusstsein zu erhöhen und das Verständnis über die alltäglichen Schleier hinaus zu erweitern.

Auf eurer spirituellen Reise leiten euch die Wesen des Lichts an, nach innen zu schauen. Sie lehren dich, dass die wahre Kraft im Inneren liegt und dass der Schlüssel zu Glück und Erfüllung im Erkennen und Kultivieren deiner göttlichen Essenz liegt. Während dieses Prozesses sind Sie eingeladen, einschränkende Gedankenmuster, Emotionen und Überzeugungen zu erforschen, loszulassen, was Ihnen nicht mehr dient, und Platz zu schaffen für den vollen Ausdruck dessen, was Sie sind.

Die Praxis der Selbsttransformation ist einer der grundlegenden Aspekte der Lehren der Wesen des Lichts. Bei diesem inneren Tauchgang findet ihr einen fruchtbaren Boden für die Kultivierung von Qualitäten wie Liebe, Mitgefühl, Dankbarkeit und Vergebung. Diese Tugenden sind grundlegend, um dein spirituelles Wesen zu nähren und zu stärken und dich zu einem erweiterten Bewusstsein zu führen.

Die Übernahme von Eigenverantwortung ist eine der Säulen der kosmischen Philosophie. Sie sind der Schöpfer Ihrer Realität und Ihre Entscheidungen haben einen bedeutenden Einfluss auf das Ganze. Durch Selbstbeherrschung werden Sie fähig, die Erfahrungen, die Sie machen, weise zu wählen und so den Schwingungsstandard Ihres Wesens und von allem um Sie herum zu erhöhen.

Die Verbindung mit der Quelle (der göttlichen Energie, die alles erschafft und die manche Gott nennen) ist der zentrale Aspekt der kosmischen Reise. Die Wesen des Lichts laden dich ein, dich durch meditative

Praktiken und Momente der Kontemplation, die in diesem Buch erklärt werden, wieder mit dieser Energie zu verbinden. Indem du dich öffnest, um Führung und Inspiration von der Quelle zu empfangen, baust du eine tiefe Verbindung zu ihr auf, die dir auf deiner spirituellen Reise als Wegweiser dient.

Die Kultivierung des Bewusstseins für den gegenwärtigen Moment ist eine weitere wertvolle Lehre der Wesen des Lichts. Sie laden euch ein, eure täglichen Erfahrungen zu verlangsamen und ganz präsent zu sein. In diesem magischen und einzigartigen Moment findest du wahren inneren Frieden und die Fülle der Existenz.

Wenn du dich tiefer in die Lehren und die kosmische Philosophie vertiefst, wird sie zu einer unerschöpflichen Quelle der Inspiration und Führung, zu einer Einladung, das Bewusstsein zu erweitern, innere Weisheit zu kultivieren und in Harmonie mit den universellen Prinzipien zu leben. Wenn du diese Reise fortsetzt, wirst du entdecken, dass die Weisheit der Wesen des Lichts ein Segen ist, der dich durch dein ganzes Leben begleiten wird und dir Wege des Lichts und des spirituellen Erwachens eröffnet.

3
Praktiken der Meditation

Meditation spielt in der kosmischen Spiritualität eine grundlegende Rolle, denn sie ermöglicht den Zugang zu höheren Dimensionen und verbindet dich wieder mit der kosmischen Weisheit, so dass du eine tiefe innere Transformation erfährst.

Eine der in der Kosmischen Spiritualität weit verbreiteten Meditationspraktiken ist die Quellenverbindungsmeditation. Bei dieser Praxis ziehen Sie sich in einen ruhigen, stillen Raum zurück, wo Sie Ihre Aufmerksamkeit nach innen richten und sich mit der göttlichen Energie, die das Universum durchdringt, verbinden können. Wenn du dich öffnest, um diese liebevolle und transformative Energie zu empfangen, spürst du ein tiefes Gefühl des Friedens, der Klarheit und der Verbindung mit deinem höchsten Selbst.

Zu Lehrzwecken stelle ich eine der Meditationsarten vor, die auch von Anfängern praktiziert werden kann.

Suchen Sie sich einen ruhigen Ort, an dem Sie bequem sitzen können. Das kann auf einem Stuhl oder auf dem Boden sein, wichtig ist nur, dass Sie eine Position finden, in der Sie sich entspannt fühlen.

Schließen Sie sanft die Augen und beginnen Sie, Ihre Aufmerksamkeit auf Ihre Atmung zu richten. Beobachten Sie den natürlichen Fluss des Atems, ohne zu versuchen, ihn zu verändern. Konzentrieren Sie sich auf das Gefühl, wie die Luft in Ihren Körper ein- und ausströmt.

Während Sie sich Ihrer Atmung bewusster werden, lassen Sie zu, dass sich die Gedanken sanft auflösen. Wenn sie auftauchen, machen Sie sich keine Sorgen, lassen Sie sie einfach vorbeiziehen, ohne sich an ihnen festzuhalten. Richten Sie Ihre Aufmerksamkeit auf Ihre Atmung, wann immer Sie abgelenkt werden.

Wenn Sie sich ruhiger fühlen, stellen Sie sich vor, dass Sie von einem hellen, liebevollen Licht umgeben sind. Stellen Sie sich dieses Licht als die Energie der Quelle vor, diese göttliche Energie ist für Sie da. Spüre, wie die liebevolle Energie dein ganzes Wesen durchdringt.

Öffnen Sie sich, um diese liebevolle und transformierende Energie zu empfangen. Erlaube dir, ein tiefes Gefühl des Friedens, der Klarheit und der Verbindung mit deinem höchsten Selbst zu spüren.

Bleiben Sie in diesem Zustand der Offenheit und Empfänglichkeit so lange, wie Sie es wünschen.

Wenn Sie bereit sind, die Meditation zu beenden, richten Sie Ihre Aufmerksamkeit allmählich wieder auf Ihren physischen Körper und Ihre Umgebung. Öffnen Sie sanft die Augen. Nehmen Sie sich ein paar Augenblicke Zeit, um sich neu zu orientieren, bevor Sie Ihre täglichen Aktivitäten fortsetzen.

Eine weitere Meditationspraxis der Kosmischen Spiritualität ist die spirituelle DNA-Aktivierungsmeditation. Bei dieser Meditation sollten Sie sich darauf konzentrieren, Ihre DNS-Struktur zu visualisieren, die in ein heilendes und reinigendes kosmisches Licht getaucht ist. Dieses Licht wirkt wie ein Aktivator, der das in Ihnen schlummernde Potenzial erweckt und Ihnen den Zugang zu höheren Bewusstseinsebenen ermöglicht.

In der kosmischen Spiritualität wird die Meditation auch als Mittel zur Heilung und zum Ausgleich eingesetzt. Du kannst deine Aufmerksamkeit auf Bereiche deines Körpers richten, die Heilung brauchen, und dir vorstellen, dass sie mit kosmischem Licht und Liebe erfüllt werden. Diese Praxis löst energetische Blockaden, fördert körperliche und emotionale Heilung und stellt das Gleichgewicht auf allen Ebenen des Seins wieder her.

Die Wesen des Lichts lehren die Meditation der Verbindung. In dieser Praxis öffnest du dein Herz und deinen Geist, um Führung und Einsichten sowohl von den Wesen des Lichts als auch von anderen höheren Wesenheiten zu empfangen. Du kannst deine Gedanken und Absichten so lenken, dass eine telepathische Kommunikation mit diesen Wesen entsteht und ihre Botschaften der Weisheit und Liebe dich erreichen.

Zu didaktischen Zwecken wird hier beschrieben, wie du die Verbindungsmeditation mit den Wesen des Lichts durchführen solltest.

Suchen Sie sich einen ruhigen Ort, an dem Sie bequem sitzen und sich konzentrieren können. Achten Sie darauf, dass Sie während der Meditation nicht unterbrochen werden.

Schließen Sie sanft die Augen und beginnen Sie, tief einzuatmen, so dass sich Ihr Körper mit jedem Ausatmen entspannt. Konzentrieren Sie sich darauf, Ihre Muskeln zu entspannen und jegliche Anspannung loszulassen, die Sie vielleicht spüren.

Richten Sie Ihre Aufmerksamkeit auf Ihr Herz. Stellen Sie sich vor, dass es sich wie eine blühende Blume öffnet und Licht und Liebe ausstrahlt. Spüren Sie das Gefühl von Wärme und Ausdehnung in Ihrer Brust, während Sie sich mit der liebevollen Energie in Ihnen verbinden.

Setze dir mental die Absicht, dich mit den Wesen des Lichts zu verbinden, einschließlich anderer erhabener Wesenheiten. Fühle dich offen und empfänglich für ihre Gegenwart und Führung.

Während sich dein Geist beruhigt, konzentriere dich darauf, Gedanken und Absichten an diese Wesen zu senden. Visualisiere, dass sich eine telepathische Verbindung bildet, wie eine klare, helle Kommunikationslinie zwischen dir und den Wesen des Lichts.

Erlaube nun den Botschaften, der Führung und den Einsichten, zu dir zu fließen. Seien Sie offen für alle Bilder, Worte, Gefühle oder intuitives Wissen, das auftauchen mag. Vertraut eurer Intuition und der Weisheit der Lichtwesen.

Bleiben Sie in diesem Zustand der Verbindung und des Empfangens, solange Sie es wünschen, und nehmen Sie die übermittelten Energien und Informationen auf.

Wenn du bereit bist, die Meditation zu beenden, danke den Wesen des Lichts für ihre Anwesenheit und Führung. Bringen Sie langsam Ihre Aufmerksamkeit zurück zu Ihrem physischen Körper und der Umgebung um Sie herum. Öffnen Sie sanft Ihre Augen und nehmen Sie sich einen Moment Zeit, um sich neu zu orientieren, bevor Sie zu Ihren täglichen Aktivitäten zurückkehren.

In der Kosmischen Spiritualität ist die Meditation auch eine Gelegenheit, Intuition und übersinnliche Fähigkeiten zu entwickeln. Indem du dich auf deine göttliche Essenz einstimmst, erhältst du Zugang zu Informationen und Wahrnehmungen, die über die Grenzen des rationalen Verstandes hinausgehen. Du kannst die Meditation zur Erweiterung der Intuition praktizieren und dich für intuitive Einsichten und Führung öffnen, die dir auf deiner spirituellen Reise und bei deinen täglichen Entscheidungen helfen.

Eine wichtige Übung in der kosmischen Meditation ist es, die Werte und Tugenden der Wesen des Lichts zu verkörpern. Nimm dir während deiner Meditation etwas Zeit, um über Qualitäten wie Liebe, Mitgefühl, Dankbarkeit, Harmonie und Frieden nachzudenken und darüber, wie du sie in dein Leben integrieren kannst. Diese Praxis bringt Ihre Energie mit der kosmischen Energie in Einklang und hilft Ihnen, in Harmonie mit hohen spirituellen Prinzipien zu leben.

Die Meditation über kosmische Spiritualität ist eine Reise der Selbstentdeckung, Heilung und Bewusstseinserweiterung. Wenn du dich in diese meditativen Praktiken vertiefst, öffnest du dich für ein Universum von Möglichkeiten und Transformationen. Die Meditation ermöglicht Ihnen den Zugang zur Weisheit der Wesen des Lichts, integriert das kosmische Licht in Ihr tägliches Leben und erweckt Sie zu Ihrer wahren göttlichen Natur.

Es ist wichtig zu betonen, dass Sie im gesamten Buch ergänzende Informationen finden werden, die Ihnen helfen werden, diese Themen zu verstehen, denn jetzt wird die Lehre dosiert, wie eine Medizin. Diese Methode stellt sicher, dass am Ende des Buches Ihr Verständnis der Meditationstechniken und ihrer Anwendungen vollständig ist.

4
Kommunikation mit Wesen des Lichts

In der Kosmischen Spiritualität spielt die Kommunikation mit den Lichtwesen eine wichtige Rolle bei der Suche nach kosmischer Weisheit und Führung. Die Lichtwesen sind hochentwickelte Wesen, die denjenigen, die offen sind für ihre Botschaften, Wissen und Hilfe anbieten. Erfahren Sie mehr über die verschiedenen Arten der Kommunikation mit den Wesen des Lichts und die verschiedenen Möglichkeiten, sich mit ihnen zu verbinden.

Eine der häufigsten Arten, mit den Lichtwesen zu kommunizieren, ist die Telepathie. Die Wesen des Lichts haben die außergewöhnliche Fähigkeit, direkt durch Gedanken zu kommunizieren. Sie können Botschaften, Einsichten und Führungen direkt in euren Geist übermitteln, ohne dass ihr dafür Worte braucht. Um diese telepathische Kommunikation herzustellen, ist es wichtig, dass Sie Ihren Geist und Ihr Herz öffnen, empfänglich sind und einen Zustand der Ruhe und des inneren Friedens kultivieren.

Obwohl Telepathie keine natürliche Fähigkeit des Menschen ist, können Sie Ihren Geist trainieren, Einsichten zu empfangen, um dieses Kommunikationsfeld allmählich zu öffnen.

Hier ist eine Übung, die dir hilft, telepathische Kommunikationsfähigkeiten zu entwickeln, um dich für Einsichten und Botschaften von den Wesen des Lichts zu öffnen.

Suchen Sie sich einen ruhigen, bequemen Platz, an dem Sie still sitzen können. Achten Sie darauf, dass Sie während der Übung nicht unterbrochen werden.

Schließen Sie Ihre Augen und beginnen Sie sanft, Ihren Körper und Geist durch tiefe Atemzüge zu entspannen. Atmen Sie tief durch die Nase ein, halten Sie den Atem kurz an und atmen Sie dann durch die Nase wieder aus, wobei Sie alle Spannungen und Sorgen loslassen.

Konzentrieren Sie sich darauf, Ihren Geist zu entspannen und die Gedanken und Sorgen des Alltags loszulassen. Stellen Sie sich vor, dass ein sanftes, beruhigendes Licht Ihren Geist einhüllt und Klarheit und Gelassenheit bringt.

Visualisiere eine Verbindung zwischen deinem Geist und dem Geist der Wesen des Lichts. Sieh, wie sich eine helle, klare Kommunikationslinie aufbaut, die deinen Geist mit dem der Lichtwesen verbindet.

Während du diese Visualisierung hältst, bekräftige geistig deine Absicht, dich für den Empfang von Einsichten, Botschaften und Führung zu öffnen. Sei offen und empfänglich dafür, diese Informationen mit Liebe und Dankbarkeit zu empfangen.

Beginnen Sie, Ihren Geist zu beruhigen, um in einen Zustand der Empfänglichkeit zu gelangen. Erlaube den Gedanken und Bildern, aufzutauchen, ohne sie zu beurteilen oder zu versuchen, sie zu kontrollieren. Seien Sie offen für den Empfang jeder Form von telepathischer Kommunikation.

Bewahren Sie eine Haltung der Geduld, der Ausdauer und des Vertrauens in diesen Prozess. Denken Sie daran, dass die Entwicklung der telepathischen Kommunikation ein allmählicher Prozess ist, seien Sie also gut zu sich selbst und seien Sie bereit, regelmäßig zu üben.

Nach einigen Minuten der Stille und Empfänglichkeit danken Sie den Wesen des Lichts für die Verbindung und für die Informationen, die möglicherweise übermittelt worden sind. Drücken Sie Ihre Dankbarkeit für ihre Anwesenheit und Führung aus.

Richten Sie Ihre Aufmerksamkeit langsam wieder auf Ihre Umgebung. Öffne sanft deine Augen und nimm dir einen Moment Zeit, um dich neu zu orientieren, bevor du deine täglichen Aktivitäten fortsetzt.

Denken Sie daran, dass die Entwicklung der telepathischen Kommunikation Übung und Ausdauer erfordert. Anfangs werden Sie nur lose Phrasen und Worte wahrnehmen, aber wenn Sie weiter an dieser Fähigkeit arbeiten, werden Sie eine größere Sensibilität in den Einsichten und Orientierungen bemerken, die in Ihrem Geist entstehen.

Eine weitere Möglichkeit, mit den Wesen des Lichts zu kommunizieren, sind Träume und Visionen. Im Schlaf oder in tiefen meditativen Zuständen empfängst du symbolische Botschaften, Bilder oder Erfahrungen, die dich mit der kosmischen Energie verbinden. Diese Botschaften enthalten Einsichten, Anleitungen für deine spirituelle Reise oder Antworten auf bestimmte Fragen, die du suchst. Es ist wichtig, diese Träume und Visionen aufzuzeichnen und zu interpretieren, da sie wertvolle Lehren enthalten können.

Wesen des Lichts können auch durch Empfindungen und intuitive Wahrnehmungen kommunizieren. Du spürst vielleicht eine liebevolle und friedliche Präsenz um dich herum oder erfährst ein Gefühl von Wärme und Trost in Zeiten der Not. Diese Empfindungen sind Zeichen dafür, dass die Wesen des Lichts dich mit ihrer Energie umgeben und dir Botschaften der Unterstützung und Ermutigung übermitteln. Es ist wichtig, deiner Intuition zu vertrauen und offen für subtile Wahrnehmungen zu sein.

Automatisches Schreiben ist eine weitere Technik, die zur Kommunikation mit den Wesen des Lichts genutzt werden kann. Bei dieser Übung lassen Sie Ihre Hände frei über das Papier gleiten und schreiben intuitive Botschaften ohne bewusste Kontrolle des Verstandes. Diese Technik erlaubt es der Weisheit und den Lehren der Wesen des Lichts, durch dich zu fließen und dir tiefe Einsichten und Offenbarungen zu schenken.

Aber für Lehrzwecke gibt es eine Methode, die dir hilft, die Praxis des automatischen Schreibens zu entwickeln, die dir erlaubt, mit den Wesen des Lichts zu kommunizieren.

Wählen Sie eine ruhige Zeit und einen Ort, an dem Sie sich auf das automatische Schreiben konzentrieren können. Stellen Sie sicher, dass Sie Stift und Papier zur Verfügung haben.

Setzen Sie sich bequem hin und entspannen Sie Ihren Körper und Geist mit ein paar tiefen Atemzügen. Lassen Sie alle alltäglichen Ablenkungen und Sorgen los.

Konzentrieren Sie sich darauf, eine Verbindung mit den Wesen des Lichts herzustellen. Du kannst dies tun, indem du deine Absicht, mit ihnen durch automatisches Schreiben zu kommunizieren, visualisierst oder bekräftigst. Bitten Sie während dieses Prozesses um Führung und Weisheit.

Nimm den Stift in die Hand und beginne auf dem Papier zu schreiben, ohne bewusst über die Worte oder ihre Bedeutung nachzudenken. Lassen Sie Ihre Hände sich frei bewegen und folgen Sie dem intuitiven Fluss. Kümmern Sie sich nicht um Handschrift, Rechtschreibung oder Grammatik. Die Absicht ist, die Informationen spontan und intuitiv fließen zu lassen.

Halten Sie Ihren Geist entspannt und aufnahmefähig. Seien Sie offen für den Empfang von Botschaften, Einsichten und Offenbarungen von den Wesen des Lichts. Versuchen Sie nicht, den Prozess zu kontrollieren oder zu lenken. Vertraue auf die übermittelte Weisheit und Führung.

Achten Sie während des Schreibens auf alle Gefühle, Bilder oder Intuitionen, die in Ihrem Bewusstsein auftauchen. Dies können zusätzliche Informationen oder Hinweise über die Kommunikation sein, die Sie erhalten haben.

Schreiben Sie weiter, bis Sie das Gefühl haben, dass die Kommunikation zu Ende ist. Das kann ein intuitives Zeichen sein oder einfach ein Gefühl der Vollendung. Danken Sie den Wesen des Lichts für ihre Kommunikation und Führung.

Wenn du fertig bist, nimm dir einen Moment Zeit, um das Geschriebene zu lesen und darüber nachzudenken. Diese Botschaften können tiefe

Einsichten und Offenbarungen über dich, deinen spirituellen Weg oder deine Lehren enthalten.

Denken Sie daran, dass das automatische Schreiben Übung und Geduld erfordert. Nicht alle Sitzungen des automatischen Schreibens führen zu klaren und bedeutungsvollen Botschaften. Wenn du jedoch weiter übst und deine Verbindung mit den Wesen des Lichts vertiefst, wird sich die Qualität und Klarheit der Botschaften verbessern.

Wenn du dich für die Kommunikation mit den Wesen des Lichts öffnest, ist es wichtig, einen Zustand des Vertrauens, der Demut und der Dankbarkeit zu kultivieren. Es ist wichtig, sich daran zu erinnern, dass diese Kommunikation ein Geschenk und eine Gelegenheit für euer spirituelles Wachstum ist. Je tiefer du dich mit den Wesen des Lichts verbindest, desto stärker spürst du ihre liebevolle Gegenwart und empfängst transzendentale Weisheit, die deine spirituelle Entwicklung und die Erweiterung deines Bewusstseins unterstützt.

5
Anwendungen der Kosmischen Spiritualität

Kosmische Spiritualität ist nicht nur eine Reise der Entdeckung und des inneren Wachstums, sie kann auch auf praktische und sinnvolle Weise in Ihrem täglichen Leben angewendet werden.

Eine der wichtigsten Anwendungen der kosmischen Spiritualität ist die Praxis der Dankbarkeit. Die Wesen des Lichts lehren uns, jeden Aspekt des Lebens zu schätzen und wertzuschätzen, von den kleinsten Dingen bis hin zu den größten Segnungen. Wenn Sie eine Haltung der Dankbarkeit kultivieren, eröffnen Sie sich eine positive und reichhaltige Perspektive und erkennen die Schönheit und Großzügigkeit des Universums. Sie können Ihre Dankbarkeit täglich zum Ausdruck bringen, sei es durch Affirmationen, Einträge in ein Tagebuch oder einfach dadurch, dass Sie innehalten und die Segnungen in Ihrem Leben erkennen. Schauen Sie sich um, Sie leben, ist das nicht ein großartiger Grund, um zu danken?

Eine weitere Anwendung der Kosmischen Spiritualität ist die Praxis des Mitgefühls und der bedingungslosen Liebe. Die Wesen des Lichts strahlen Energie der reinen Liebe aus und ermutigen jeden, diese Liebe auf sich selbst und andere auszudehnen. Ihr könnt Mitgefühl praktizieren, indem ihr eure gemeinsame Menschlichkeit anerkennt und andere mit Freundlichkeit, Einfühlungsvermögen und Respekt behandelt. Dies gilt nicht nur für diejenigen, die Ihnen nahe stehen, sondern auch für Fremde, Tiere oder den Planeten selbst. Indem Sie mitfühlend leben, tragen Sie dazu bei, eine harmonischere und liebevollere Welt zu schaffen.

Die Suche nach dem täglichen Gleichgewicht ist eine weitere wichtige Anwendung der Kosmischen Spiritualität. Die Wesen des Lichts lehren, dass es wichtig ist, alle Bereiche des physischen, emotionalen, mentalen und spirituellen Lebens ins Gleichgewicht zu bringen. Du kannst das Gleichgewicht durch Praktiken wie Selbstfürsorge, Meditation (bereits auf den vorherigen Seiten erklärt), regelmäßige körperliche Bewegung, Momente der Ruhe oder eine gesunde Lebensweise anstreben. Indem Sie das Gleichgewicht in den Vordergrund stellen, werden Sie widerstandsfähiger, stärken Ihre Verbindung mit Ihrer spirituellen Essenz und leben mit mehr Harmonie und Fülle.

Die kosmische Spiritualität lädt Sie auch dazu ein, authentisch zu leben und Ihre innere Wahrheit zum

Ausdruck zu bringen. Die Wesen des Lichts erinnern uns daran, dass jeder Mensch einzigartige Gaben, Talente und Ziele hat. Indem du diese Qualitäten erforschst und ehrst, bringst du dich in Einklang mit deiner wahren Essenz und leistest einen sinnvollen Beitrag für die Welt. Dazu gehört es, auf die Intuition zu hören, dem eigenen Herzen zu folgen und den Mut zu haben, in allen Lebensbereichen authentisch zu sein. Indem Sie Ihre Wahrheit leben, inspirieren Sie alle Menschen in Ihrer Umgebung und haben einen positiven Einfluss auf sie.

Dieses Modell der Spiritualität ermutigt auch dazu, in der Gegenwart zu leben. Anstatt in der Vergangenheit zu verharren oder sich Sorgen über die Zukunft zu machen, lädt dieser Ansatz dazu ein, im gegenwärtigen Moment ganz präsent zu sein. Denkt daran, dass die Vergangenheit nicht geändert werden kann, während die Zukunft immer ungewiss ist. Die Wesen des Lichts lehren euch, euch mit dem gegenwärtigen Moment zu verbinden, indem ihr Bewusstsein und Achtsamkeit kultiviert. Du kannst dies durch die Praxis der Meditation tun, indem du deine Gedanken und Gefühle bewusst beobachtest oder indem du einfach die kleinen Momente der Freude und Schönheit schätzt, die in deinem täglichen Leben auftreten.

Eine Möglichkeit, Achtsamkeit zu praktizieren, besteht darin, über die Gegenwart nachzudenken.

Die Praxis der Achtsamkeit kann die Art und Weise verändern, wie wir täglich mit schwierigen Situationen umgehen. Ein einfaches und wirksames Beispiel ist, über die Gegenwart nachzudenken und die eigenen emotionalen Reaktionen aufmerksamer und klarer zu beobachten.

Es ist ganz natürlich, sich zu ärgern, wenn man etwas hört, das einem nicht gefällt. Diese instinktive Reaktion kann jedoch eine Gelegenheit sein, Ihre Fähigkeit zu trainieren, die Situation auf rationale und ausgewogene Weise zu analysieren. Fragen Sie sich: Ist das, was gesagt wurde, wirklich ein triftiger Grund für diese emotionale Aufregung? Wenn Sie darüber nachdenken, werden Sie oft feststellen, dass die Verärgerung nicht zu einer Lösung oder zu Ihrem Wohlbefinden beiträgt.

Wenn Sie diese reflektierende Haltung einnehmen, haben Sie die Möglichkeit, die tatsächlichen Auswirkungen der Situation zu beurteilen und eine konstruktivere Reaktion zu wählen. Diese Übung verbessert nicht nur Ihre Fähigkeit, Herausforderungen zu meistern, sondern verringert auch unnötige emotionale Belastungen und fördert einen gelasseneren und produktiveren Geisteszustand.

Es ist auch wichtig, sich daran zu erinnern, dass Ihr geistiger Zustand einen direkten Einfluss auf Ihren Körper hat. Intensive Emotionen lösen die Freisetzung chemischer Verbindungen im Gehirn aus, die sich auf

Ihre Stimmung und Ihr körperliches Wohlbefinden auswirken können. Wenn Sie sich also angewöhnen, Ihre emotionalen Reaktionen zu beobachten und zu mäßigen, verbessern Sie nicht nur Ihre Lebensqualität, sondern fördern auch Ihre geistige und körperliche Gesundheit.

Wenn Sie sich regelmäßig in Achtsamkeit üben, entwickeln Sie eine mächtige Fähigkeit: die Fähigkeit, selbst zu entscheiden, wie Sie auf Umstände reagieren, anstatt automatisch zu reagieren. Diese Veränderung kann der Schlüssel zu einem ausgeglicheneren, bewussteren und glücklicheren Leben sein.

Genauso wie wir lernen können, unsere Reaktionen auf Herausforderungen zu mäßigen, ist es ebenso wirkungsvoll, sich Momente in Erinnerung zu rufen, die Freude und Dankbarkeit ausgelöst haben. Denken Sie an einen besonderen Moment, in dem Sie Grund zum Lächeln hatten - sei es eine bedeutsame Begegnung, ein persönlicher Erfolg oder eine einfache Geste der Freundlichkeit, die Ihr Herz erwärmt hat. Wenn Sie sich diesen Moment noch einmal vergegenwärtigen, versetzt sich Ihr Geist ganz natürlich in einen Zustand der Dankbarkeit, und diese Verschiebung des Fokus erzeugt eine Welle des Wohlbefindens, die Ihren Tag verändern kann.

Dankbarkeit ist mehr als ein vorübergehendes Gefühl; sie ist eine Möglichkeit, die Energieschwingung zu erhöhen und die Verbindung zur Gegenwart zu stärken. Wenn wir bewusst analysieren, was dieses Lächeln ausgelöst hat, öffnen wir den Raum, um unsere Gefühle und Gedanken auf einer tieferen Ebene zu verstehen. Dieser Prozess ermutigt uns, die kleinen Segnungen des Lebens zu schätzen und fördert ein Gefühl der Erfüllung, das über die äußeren Umstände hinausgeht.

Diese Praxis der Dankbarkeit bringt uns auch näher an eine breitere spirituelle Dimension, die kosmische Spiritualität. Wenn wir in Harmonie mit dieser Perspektive leben, erkennen wir, dass jede Emotion, jeder Gedanke und jede Handlung einen Einfluss auf das universelle Ganze hat. Dankbarkeit wirkt sich in diesem Zusammenhang nicht nur positiv auf Ihren geistigen und körperlichen Zustand aus, sondern stärkt auch Ihre Verbindung mit der kosmischen Energie, die alles um uns herum durchdringt.

Indem Sie Dankbarkeit in Ihre Achtsamkeitspraxis einbeziehen, verwandeln Sie kleine Momente in Portale für Selbstreflexion und spirituelles Wachstum. So entsteht eine Brücke zwischen der inneren Welt und der Weite des Kosmos, die dazu beiträgt, ein Leben im Gleichgewicht, in Harmonie und mit Sinn zu gestalten. Denken Sie daran: Dankbarkeit ist nicht nur ein Gefühl, sondern eine bewusste Entscheidung, die Sie auf Ihrem Weg zu einem vernetzten und bereichernden Leben begleiten kann.

Wenn Sie die kosmische Spiritualität in Ihrem täglichen Leben anwenden, verändern Sie Ihre Lebensweise und erfahren eine tiefe Verbindung mit dem Universum und Ihrem wahren Selbst. Dankbarkeit, Mitgefühl, Ausgeglichenheit, Authentizität und bewusste Präsenz sind nur einige der Möglichkeiten, wie Sie die kosmischen Lehren in Ihr Leben einbauen können. Wenn Sie Ihre Reise durch die Seiten dieses Buches fortsetzen, werden Sie weitere Themen im Zusammenhang mit der kosmischen Spiritualität erforschen und entdecken, wie Sie Ihr Bewusstsein weiter ausdehnen können, indem Sie im Einklang mit der Weisheit der Lichtwesen leben.

6
Selbst-Entdeckung und Selbst-Erkenntnis

Auf der Reise der Kosmischen Spiritualität spielen Selbstentdeckung und Selbsterkenntnis eine grundlegende Rolle. Indem du nach innen gehst, erforschst du die Tiefen deiner Seele und entdeckst die wahre Essenz deines Wesens. Tauchen Sie also ein in den Prozess der Selbstfindung und folgen Sie dem Weg der Selbsterkenntnis durch kosmische Weisheit.

Die Selbstentdeckung ist eine Einladung, zu erforschen, wer Sie jenseits der oberflächlichen Schichten Ihrer Persönlichkeit sind. Es ist eine Einladung, sich mit Ihrer spirituellen Essenz, Ihrer inneren Wahrheit und Ihren einzigartigen Gaben zu verbinden. In der kosmischen Spiritualität besitzt jeder Mensch in sich den göttlichen Funken, eine direkte Verbindung zum Universum und zur Quelle von allem, was existiert. Indem Sie sich mit diesem Funken verbinden, öffnen Sie die Tür zu einer tiefgreifenden Reise der Selbstentdeckung.

Die Reise zur Selbstentdeckung ist ein tiefgreifender Prozess, der wirksame Praktiken der Introspektion und Selbstreflexion erfordert. Zu diesen Praktiken gehört die „Göttliche Perspektive", ein kraftvoller Ansatz, der Sie einlädt, Ihre eigenen Gedanken und Handlungen von einem erhöhten, unparteiischen und distanzierten Standpunkt aus zu betrachten.

Was ist die Methode der göttlichen Perspektive? Diese Methode besteht darin, eine allwissende Sichtweise einzunehmen und sich symbolisch in ein höheres Bewusstsein zu versetzen. Sie ermöglicht es Ihnen, Ihr Verhalten und Ihre Gedanken klarer zu analysieren, so als ob Sie nicht sich selbst, sondern jemand anderen beobachten würden. Die zentrale Idee besteht darin, die menschliche Tendenz zu überwinden, die eigenen Unzulänglichkeiten und Grenzen zu rechtfertigen oder zu verharmlosen.

Warum ist die allwissende Sicht notwendig? Weil Sie, wenn Sie sich selbst beobachten, mit der Tatsache konfrontiert werden, dass Sie sich selbst sehr gut kennen - Ihre Absichten, Ängste und Rechtfertigungen. Anders als ein außenstehender Beobachter können Sie nichts vor sich selbst verbergen. Diese völlige Transparenz macht es unmöglich, das zu ignorieren, was zu bewältigen ist, und verlangt ein Maß an Ehrlichkeit, das der Schlüssel zur Transformation ist.

Um diese Übung zu erleichtern, stellen Sie sich vor, dass Sie Gott oder ein göttliches und allwissendes Bewusstsein sind. Als dieses höhere Bewusstsein beobachten Sie Ihre eigenen Handlungen, aber mit einem neutralen Blick, frei von emotionalen Urteilen oder Rechtfertigungen. Dieser Perspektivwechsel ermöglicht es Ihnen, Aspekte ehrlicher zu sehen, die wir oft ignorieren, wenn wir unsere Handlungen auf herkömmliche Weise analysieren.

Wie wendet man die göttliche Perspektive an?

Unvoreingenommene Visualisierung: Schließen Sie die Augen und stellen Sie sich vor, dass Sie ein allwissendes Wesen sind, das Ihr Leben wie einen Film beobachtet. Visualisieren Sie Ihre Handlungen und Gedanken, als ob sie von jemand anderem ausgeführt würden.

Schalten Sie die emotionale Ladung aus, die normalerweise mit der Selbstreflexion einhergeht. Stellen Sie sich vor, dass Sie keine emotionale Bindung zu den Entscheidungen oder Verhaltensweisen haben, die Sie bewerten.

Hinterfragen Sie Ihre Handlungen unvoreingenommen. Zum Beispiel: „Spiegeln diese Entscheidungen wirklich die höheren Werte wider, denen ich folgen möchte?" oder „Wie haben sich diese Handlungen auf die Menschen um mich herum ausgewirkt?"

Ermitteln Sie sowohl konstruktive Verhaltensweisen als auch solche, die angepasst werden müssen. Nutzen Sie diese Analyse, um einen Aktionsplan für eine kontinuierliche Verbesserung zu erstellen.

Warum ist die göttliche Perspektive wirksam? Diese Methode ermöglicht es Ihnen, Ihre menschlichen Begrenzungen zu überwinden, wie z. B. Nachsicht und Selbstsabotage, die oft die Bewertung unserer Handlungen verzerren. Indem Sie sich selbst als göttliches Bewusstsein vorstellen, können Sie Ihr Leben mit Klarheit und Objektivität betrachten und sowohl Fehler als auch Erfolge in ausgewogener Weise anerkennen.

Die Vorstellung einer allwissenden Sichtweise, bei der nichts vor der eigenen Analyse verborgen bleibt, schließt zudem jegliche Selbsttäuschung aus. Wenn Sie sowohl der Beobachter als auch der Analysierte sind, schaffen Sie einen einzigartigen Raum, um Ihre tiefsten Beweggründe zu verstehen und Ihr Handeln auf ein größeres Ziel auszurichten.

Die regelmäßige Anwendung dieser Methode fördert nicht nur ein tieferes Verständnis für Sie selbst, sondern stärkt auch Ihre Fähigkeit, Entscheidungen im Einklang mit Ihren höchsten Werten und Zielen zu treffen. Indem Sie die göttliche Perspektive einnehmen, machen Sie die Selbstreflexion zu einem praktischen Werkzeug für persönliches und spirituelles Wachstum.

Versuchen Sie, diese Methode in Ihre Reflexionsroutine einzubauen. Sie wird es Ihnen ermöglichen, sich selbst auf klare, ehrliche und mitfühlende Weise zu sehen und eine authentischere Version zum Vorschein zu bringen, die mit Ihrer Essenz im Einklang steht.

Um die Methode der göttlichen Perspektive anzuwenden, folgen Sie diesen Schritten.

Nehmen Sie sich eine ruhige Zeit, um sich mit sich selbst zu verbinden. Suchen Sie sich einen Raum, in dem Sie sich wohl fühlen und in dem es keine Ablenkungen gibt.

Schließen Sie die Augen und atmen Sie tief durch, so dass Ihr Geist und Ihr Körper zur Ruhe kommen. Stellen Sie sich vor, dass Sie vor einer anderen Person sitzen, die Sie repräsentiert.

Aus dieser Perspektive sind Sie Gott oder die göttliche Präsenz, das höhere Bewusstsein, und Sie haben das gesamte Wissen und Verständnis für alles, was die andere Person vor Ihnen ist, getan hat und denkt.

Beobachten Sie die Gedanken, Handlungen und Gründe der anderen Person aus einer allwissenden Perspektive. Analysieren Sie die Entscheidungen, Motivationen und Verhaltensmuster, versuchen Sie zu verstehen, wie sie mit Ihrem wahren Wesen und Zweck übereinstimmen, sehen Sie, wohin jede Entscheidung, ob richtig oder falsch, die Person vor Ihnen geführt hat.

Wenn Sie verschiedene Aspekte des Lebens dieser Person untersuchen, stellen Sie Fragen wie:

„Wie spiegelt diese Handlung oder dieser Gedanke die Verbindung mit dem göttlichen Funken in dieser Person wider?"

„Steht dies im Einklang mit ihrer inneren Wahrheit?

„Was kann oder sollte diese Person aus dieser Erfahrung lernen?"

Erlauben Sie sich, Einsichten und intuitive Führung zu empfangen, und bleiben Sie offen und empfänglich für die Antworten, die sich ergeben. Denken Sie daran, dass Sie, wenn Sie sich in die Lage des göttlichen Wesens versetzen, für jede Form von Energie im Universum offen sind. Ein interessanter Aspekt dieser Perspektive ist, dass Sie erkennen können, wohin Ihre derzeitigen Handlungen Sie führen werden.

Bedanken Sie sich am Ende dieser Analyse für die geteilte Weisheit und für die Gelegenheit, sich selbst aus einer umfassenden Perspektive kennenzulernen.

Denken Sie daran, dass die Methode der göttlichen Perspektive ein mächtiges Werkzeug zur Selbsterkenntnis ist, aber es ist auch wichtig, sie mit

Liebe und Selbstmitgefühl auszugleichen. Wenn Sie diese Praxis vertiefen, werden Sie neue Erkenntnisse über sich selbst gewinnen. Indem du dich vor dich selbst als allwissendes und allmächtiges Wesen stellst, kannst du dich selbst segnen und von dem göttlichen Funken in dir all die Liebe und das Verständnis einfangen, die du brauchst, um deine Bestimmung und deine Verbindung zum Universum zu verstehen.

Während du die Methode der göttlichen Perspektive und andere Lehren der Wesen des Lichts in diesem Buch erforschst, wirst du entdecken, wie du diese Praktiken in dein tägliches Leben einbauen und dein Bewusstsein erweitern kannst. Gemeinsam werden wir diese Reise der Selbstentdeckung, des Lernens und des spirituellen Wachstums fortsetzen, auf der Suche nach einer tiefen Verbindung mit der kosmischen Weisheit.

Während Sie auf der Reise der Selbstentdeckung voranschreiten, beginnen Sie, sich wieder mit Ihren einzigartigen Gaben und Talenten zu verbinden. Jeder von uns besitzt angeborene Fähigkeiten und kann einen einzigartigen Beitrag zum Universum leisten. Kosmische Spiritualität ermutigt Sie, diese Gaben zu erforschen und zu ehren, damit sie sich in Ihrem Leben manifestieren können. Dazu gehört das Ausüben kreativer Tätigkeiten, das Entwickeln bestimmter Fähigkeiten oder einfach die Bereitschaft, Ihre Gaben mit anderen zu teilen. Indem Sie Ihre authentischen

Gaben zum Ausdruck bringen, finden Sie einen tiefen Sinn im Leben und tragen zur kollektiven Evolution bei.

Auf dem Weg zur Selbsterkenntnis ist es auch wichtig, alle Teile von sich selbst anzunehmen und zu integrieren. Das bedeutet, dass du sowohl deine Lichtqualitäten als auch deine Schatten akzeptierst und erkennst, dass sie alle Teil deiner Wachstumsreise sind. Die Wesen des Lichts erinnern euch daran, dass ihr durch die Akzeptanz und Integration dieser Anteile innere Harmonie und Ausgeglichenheit erreicht. Die Praxis der Selbstliebe und des Selbstmitgefühls spielt in diesem Prozess eine grundlegende Rolle, denn sie ermöglicht es dir, dich selbst zu lieben und zu akzeptieren.

Wenn Sie tiefer in die Selbstentdeckung und Selbsterkenntnis eintauchen, entdecken Sie, dass die Reise niemals endet. Sie entwickeln sich ständig weiter, wachsen und erweitern Ihr Bewusstsein. Kosmische Spiritualität erinnert uns daran, dass die Selbstfindung ein kontinuierlicher Prozess ist, ein Tanz zwischen Sein und Werden. Wenn du dich wieder mit deiner spirituellen Essenz verbindest, öffnest du die Tür zu einem riesigen Potenzial für Wachstum und Transformation.

7
Emotionale Transformation und innere Heilung

In der Kosmischen Spiritualität sind emotionale Transformation und innere Heilung grundlegende Säulen für spirituelles Wachstum und das Erwachen des Bewusstseins. Emotionen sind ein wesentlicher Ausdruck menschlicher Erfahrung und tragen tiefe Botschaften in sich, die uns helfen, unsere Beziehung zum Universum und zu uns selbst zu verstehen. Wenn diese Emotionen jedoch nicht richtig erkannt und verarbeitet werden, werden sie zu Quellen des Leidens und schränken unser Entwicklungspotenzial ein.

Die Wesen des Lichts lehren uns in ihrer Weisheit, wie wichtig es ist, unsere Emotionen mit Liebe und Mitgefühl anzunehmen, damit wir sie voll und ganz fühlen können. Die Anwesenheit von Emotionen zu würdigen, selbst die herausforderndsten, ist der erste Schritt, um sie zu integrieren und sie in Werkzeuge für Wachstum und Selbstentdeckung zu verwandeln. Diese Praxis hilft uns zu erkennen, dass jede Emotion eine wertvolle Lektion mit sich bringt, eine Gelegenheit, unser Bewusstsein zu erweitern.

Emotionale Transformation beginnt mit Bewusstheit. Das bedeutet, präsent und aufmerksam zu sein für das, was wir fühlen, und die Existenz unserer Emotionen ohne Wertung anzuerkennen. Wir müssen ihre Ursprünge und Botschaften erforschen und uns fragen: „Was will mir dieses Gefühl sagen?". Indem wir unsere Emotionen offen akzeptieren und untersuchen, verbinden wir uns mit der Weisheit, die sie uns vermitteln, und erlauben ihnen, zu Katalysatoren für innere Transformation zu werden.

Kosmische Spiritualität bietet verschiedene Praktiken an, um den emotionalen Heilungsprozess zu unterstützen:

Meditation ist ein kraftvolles Werkzeug, das uns hilft, unsere Gefühle zu beobachten, ohne uns mit ihnen zu identifizieren. Während der Meditation können Sie sich Ihre Emotionen als Wellen im Ozean vorstellen, die kommen und gehen, während Sie in Ihrer spirituellen Essenz verankert bleiben. Diese Praxis fördert das Loslassen negativer emotionaler Muster und öffnet den Raum für Zustände des Gleichgewichts und des inneren Friedens.

Die Praxis der Vergebung ist wesentlich, um Emotionen loszulassen, die uns an die Vergangenheit binden, wie z. B. Groll, Schuldgefühle und Bedauern.

Vergebung, sowohl für sich selbst als auch für andere, bedeutet nicht, schädliche Handlungen zu rechtfertigen, sondern sich von dem emotionalen Gewicht zu befreien, das sie mit sich bringen. So können Liebe und Mitgefühl frei fließen und die innere Harmonie wiederherstellen.

Die Kultivierung von Dankbarkeit ist eine Möglichkeit, negative Gefühle in positive umzuwandeln. Wenn wir uns auf die Segnungen in unserem Leben konzentrieren, selbst in schwierigen Zeiten, erhöhen wir unsere energetische Schwingung und stärken unsere Verbindung mit dem Kosmos.

Obwohl der Weg der emotionalen Transformation ein zutiefst persönlicher ist, kann externe Unterstützung von unschätzbarem Wert sein. Die Inanspruchnahme von Hilfe durch Therapeuten, spirituelle Berater oder Selbsthilfegruppen schafft einen sicheren Raum, um Gefühle zu erforschen und Erfahrungen auszutauschen. Dieser Energieaustausch fördert die kollektive Heilung und stärkt den individuellen Weg.

Es ist wichtig, sich daran zu erinnern, dass innere Heilung kein Ziel ist, sondern ein fortlaufender Prozess. Jede Gefühlsschicht, die wir durchdringen, führt zu neuen Entdeckungen und Möglichkeiten des Wachstums. Wenn wir uns vorwärts bewegen, erweitern wir unser Bewusstsein und richten uns auf unser wahres Potenzial aus.

Emotionale Transformation, die im Einklang mit den Lehren der Lichtwesen steht, erinnert uns daran, dass wir uns ständig entwickelnde Wesen sind. Indem wir unsere Emotionen mit Liebe annehmen und sie in unsere spirituelle Reise integrieren, werden wir zu Kanälen des Lichts und der Harmonie und strahlen Gleichgewicht in die Welt um uns herum aus.

8
Intuition und übersinnliche Fähigkeiten

In der Kosmischen Spiritualität ist die Entwicklung von Intuition und übersinnlichen Fähigkeiten ein wesentlicher Bestandteil des spirituellen Weges. Du bist mit subtilen Energien verbunden und sie zu verstehen ist Teil deines Wachstums als multidimensionales Wesen. Du wirst lernen, wie wichtig es ist, diese Fähigkeiten zu kultivieren und zu verstehen, wie sie dir auf deiner Reise des Wachstums und der Expansion helfen.

Doch bevor wir weitergehen, ist es vielleicht wichtig, die ganzheitliche Bedeutung des Begriffs „feinstofflich" zu klären, damit der Inhalt dieses Kapitels vollständig verstanden werden kann.

In der ganzheitlichen Auffassung wird der Begriff „subtil" verwendet, um etwas zu beschreiben, das zart und weich ist und von den physischen Sinnen nicht ohne weiteres wahrgenommen werden kann. Es ist die Qualität, die über die materielle Ebene hinausgeht und sich auf Energien, Schwingungen und nicht-physische Aspekte der Realität bezieht.

Nach dem ganzheitlichen Ansatz ist alles im Universum miteinander verbunden und wird von einem Netz aus Energien und Informationen gesteuert. Diese subtilen Energien sind in allen Aspekten des Lebens vorhanden, von den menschlichen Emotionen bis zur Natur, die uns umgibt. Wir können sie jedoch nicht immer mit unseren gewöhnlichen physischen Sinnen wahrnehmen.

Die Intuition zum Beispiel wird als eine Form des subtilen Wissens betrachtet. Sie ist die innere Stimme, die uns leitet und uns Einsichten und Erkenntnisse vermittelt, die über das hinausgehen, was rationale Gedanken erreichen können.

Im Zusammenhang mit Intuition und spiritueller Entwicklung bedeutet Einstimmung auf das Feinstoffliche, sich der Nuancen des Lebens bewusst zu sein und auf die Zeichen, Synchronizitäten und Muster zu achten, die sich um einen herum manifestieren. Dazu gehört eine größere Sensibilität für die subtilen Energien, die die Umwelt und das eigene Bewusstsein durchdringen.

Intuition ist die angeborene Fähigkeit, Zugang zu Informationen jenseits des rationalen und logischen Wissens zu erhalten. Sie ist die innere Stimme, die tiefe Weisheit, die uns leitet und uns mit dem Wesen des

Universums verbindet. Indem du deine Intuition entwickelst, öffnest du einen direkten Kommunikationskanal mit der kosmischen Weisheit und den Wesen des Lichts.

Eine der Möglichkeiten, die Intuition zu entwickeln, ist die Praxis der Meditation (die bereits auf den vorherigen Seiten erklärt wurde). Wenn du deinen Geist zur Ruhe bringst, wirst du empfänglich für die subtilen Botschaften, die auftauchen. Meditation schafft einen inneren Raum, der es ermöglicht, auf die Intuition zu hören und ihre weise Führung zu erkennen. Wenn Sie regelmäßig meditieren, werden Sie sensibler für die Zeichen und Synchronizitäten, die das Universum sendet.

Eine weitere Möglichkeit, die Intuition zu entwickeln und sich mit Ihrer spirituellen Essenz zu verbinden, besteht darin, Techniken zu vertrauen und zu praktizieren, die es Ihnen ermöglichen, mit Ihrer eigenen Seele in Kontakt zu treten. Die Seele ist die spirituelle Essenz, sie ist das, was jenseits der physischen Ebene lebt, sie ist Ihre Verbindung mit der Quelle der Schöpfung von allem, was existiert. Indem Sie eine innige Beziehung zu Ihrer spirituellen Essenz kultivieren, lernen Sie, die Informationen, die Sie intuitiv erhalten, zu erkennen und ihnen zu vertrauen. Dieser Prozess beinhaltet die Entwicklung von Authentizität und der Fähigkeit, Ihrer inneren Wahrheit zu folgen, auch wenn diese der gesellschaftlichen Meinung oder den äußeren Erwartungen widerspricht.

Um sich mit Ihrer spirituellen Essenz zu verbinden, können Sie folgende Praktiken anwenden:

Selbsterkenntnis: Nehmen Sie sich Zeit, um über Ihre Überzeugungen, Werte und Ihren Lebenszweck nachzudenken. Fragen Sie sich nach Ihren Leidenschaften, Talenten und dem, was Ihnen Sinn gibt. Indem Sie sich selbst besser kennen lernen, kommen Sie Ihrer spirituellen Essenz näher.

Bewusstes Beobachten: Bleiben Sie im gegenwärtigen Moment, beobachten Sie Ihre Gedanken, Gefühle und körperlichen Empfindungen. Lernen Sie, aufkommende Muster und automatische Reaktionen zu erkennen. Diese gesteigerte Bewusstheit wird es Ihnen ermöglichen, sich tiefer mit Ihrer inneren Wahrheit zu verbinden.

Praxis der Dankbarkeit: Kultivieren Sie einen Zustand der Dankbarkeit und lenken Sie Ihre Aufmerksamkeit auf die Segnungen und Momente der Freude auf Ihrer Reise. Dankbarkeit öffnet das Herz und stärkt Ihre Verbindung mit Ihrer spirituellen Essenz.

Intuitives Schreiben: Nehmen Sie sich Zeit, um frei zu schreiben, ohne Zensur oder Beurteilung. Erlauben Sie den Worten, intuitiv zu fließen und Ihre Gedanken, Gefühle und Einsichten auszudrücken. Diese Übung hilft Ihnen, Zugang zu Ihrer inneren Weisheit zu finden, und vertieft Ihre Verbindung mit Ihrer spirituellen Essenz.

Verbinden Sie sich mit der Natur: Kommen Sie der Natur nahe und genießen Sie ihre Schönheit und Gelassenheit. Spazieren Sie durch einen Wald oder einen Park, betrachten Sie den Sonnenuntergang oder atmen Sie einfach die frische Luft ein, stellen Sie sich die Kraft vor, die in jeder Schöpfung steckt, die Sie wahrnehmen, denn schließlich sind Sie ein Teil davon. Sie sind die einzige Lebensform in der Natur, die sich ihrer Größe bewusst ist, die weiß, wer und was sie ist. Die Natur wurde geschaffen und existiert, um euch das Leben zu ermöglichen. Sie hat eine heilende Energie und kann dich mit deiner spirituellen Essenz in Einklang bringen.

Denken Sie daran, dass jeder Mensch eine einzigartige spirituelle Reise hat und dass der Weg zur Verbindung mit Ihrer spirituellen Essenz unterschiedlich sein kann. Experimentieren Sie mit verschiedenen Praktiken und finden Sie diejenige, die am besten zu Ihnen passt. Seien Sie geduldig mit sich selbst, denn der Prozess, sich mit Ihrer spirituellen Essenz zu verbinden, dauert an und erfordert Hingabe und Selbstmitgefühl.

Wenn du die Lehren der Wesen des Lichts in diesem Buch weiter erforschst, wirst du weitere Einsichten und Praktiken finden, um die Verbindung mit deiner spirituellen Essenz zu vertiefen. Die Reise der Selbstentdeckung und der Verbindung mit deiner inneren Wahrheit ist eine wertvolle und transformative Suche und ein Weg, den es sich zu gehen lohnt.

Eine weitere wichtige Technik ist die Praxis des inneren Zuhörens. Dabei geht es darum, sich auf Ihre innere Stimme einzustimmen, auf die Weisheit, die aus Ihrem Inneren aufsteigt. Wenn Sie lernen, Ihren Geist zum Schweigen zu bringen und aufmerksam zuzuhören, erhalten Sie wertvolle Führung und Einsichten aus den subtilen Bereichen. Diese Praxis hilft Ihnen auch, zwischen der Stimme des Egos und der intuitiven Stimme zu unterscheiden, so dass Sie Entscheidungen im Einklang mit Ihrem wahren Selbst treffen können.

Neben der Intuition legt die Kosmische Spiritualität auch Wert auf die Entwicklung übersinnlicher Fähigkeiten wie Hellsichtigkeit, Hellhören und Telepathie. Diese Fähigkeiten ermöglichen es Ihnen, Zugang zu Informationen jenseits der fünf physischen Sinne zu erhalten und Verbindungen zu subtilen Ebenen der Existenz herzustellen. Um diese Fähigkeiten zu stärken und weiterzuentwickeln, ist es wichtig, dass Sie sich Zeit nehmen, um Ihre energetische Sensibilität zu trainieren und zu verbessern.

Diese einfache, praktische Übung kann Ihnen helfen, Ihre energetische Sensibilität zu stärken und Ihre Verbindung mit dem Energiefluss um Sie herum zu erweitern.

Suchen Sie sich einen ruhigen Ort, an dem Sie nicht unterbrochen werden. Setzen Sie sich bequem in eine Position, die es Ihnen ermöglicht, Ihre Wirbelsäule aufrecht zu halten. Schließen Sie die Augen und nehmen Sie sich ein paar Minuten Zeit, um sich mit Ihrer Atmung zu verbinden.

Atmen Sie ein paar Mal tief ein, indem Sie durch die Nase ein- und durch den Mund ausatmen. Erlauben Sie Ihrem Geist mit jedem Atemzug, sich zu beruhigen und Spannungen und Sorgen loszulassen. Stellen Sie sich vor, dass Sie beim Ausatmen alles loslassen, was Ihnen im Moment nicht nützt.

Sobald Sie einen Zustand der Entspannung erreicht haben, richten Sie Ihre Aufmerksamkeit auf den Raum um Sie herum. Stellen Sie sich vor, dass Sie in ein Feld aus feinstofflicher Energie eingetaucht sind. Spüren Sie, wie diese Energie Ihren Körper umhüllt, wie eine leichte Brise oder sanfte Wärme. Erlauben Sie sich, Nuancen und Muster in dieser Energie wahrzunehmen, ohne Eile oder Anstrengung.

Richten Sie dann Ihre Aufmerksamkeit auf Ihre Hände. Stellen Sie sich vor, dass sie in ein weiches, behagliches Licht gehüllt sind, so als würden sie von einer göttlichen Energie ausgestrahlt. Stellen Sie sich vor, wie dieses Licht durch Ihre Hände fließt und sich harmonisch bewegt.

Achten Sie auf die Empfindungen, die dabei entstehen. Vielleicht spüren Sie Wärme, Kribbeln, Vibration oder sogar ein leichtes Pulsieren. Machen Sie sich keine Sorgen, wenn Sie nicht sofort etwas spüren; seien Sie einfach offen für diese Erfahrung.

Wenn Sie diese Energie spüren, stellen Sie sich vor, wie sie sich intensiviert. Stellen Sie sich vor, dass sie Ihre Hände füllt und sich allmählich auf Ihre Arme, Ihren Körper und Ihr gesamtes Energiefeld ausdehnt. Erlauben Sie diesem Licht, ein Gefühl von Gleichgewicht, Harmonie und Wohlbefinden zu vermitteln.

Wenn Sie bereit sind, die Meditation zu beenden, richten Sie Ihre Aufmerksamkeit langsam wieder auf Ihre Atmung. Atmen Sie noch einmal tief durch, fühlen Sie sich präsent und verbunden. Öffnen Sie langsam Ihre Augen und erlauben Sie sich, diese Erfahrung in Ihren Tag zu integrieren.

Wenn Sie diese Meditation regelmäßig praktizieren, wird sich Ihre subtile Wahrnehmung schärfen, und Sie werden beginnen, die Energieströme um Sie herum deutlicher wahrzunehmen. Diese Übung kann auch den Weg für die Entwicklung übersinnlicher Fähigkeiten ebnen, wie z. B. eine verbesserte Intuition und energetische Sensibilität.

Denken Sie daran, dass die Entwicklung dieser Fähigkeiten Zeit, Hingabe und Geduld erfordert. Wenn du dich auf deine spirituelle Reise begibst, ist es wichtig, dass du deine eigene Energie durch Praktiken wie Meditation reinigst und erhöhst. Die Visualisierung eines weißen Lichts, das Ihren Körper umhüllt, und die Suche nach innerer Harmonie tragen zu diesem Prozess bei. Mit der Zeit und konsequenter Übung werden Sie zunehmend auf die subtilen Energien um Sie herum eingestimmt und können das große Potenzial Ihrer übersinnlichen Fähigkeiten erkunden.

Die Entwicklung von Intuition und übersinnlichen Fähigkeiten erfordert ein Gleichgewicht zwischen der Öffnung für die spirituelle Welt und der Verankerung in der Alltagsrealität. Es ist wichtig, sich daran zu erinnern, dass Sie ein multidimensionales Wesen sind, das in der Lage ist, auf verschiedene Bewusstseinsebenen zuzugreifen. Sie sind jedoch auch hier auf der Erde, um menschliche Erfahrungen zu machen und zur Transformation der Welt beizutragen.

Wenn du deine intuitiven und übersinnlichen Fähigkeiten entwickelst, solltest du immer daran denken, sie verantwortungsvoll und liebevoll einzusetzen. Sie sind mächtige Werkzeuge, die dir auf deiner spirituellen Reise auf der Suche nach der Wahrheit helfen, aber sie müssen auch auf ausgewogene Weise in dein tägliches Leben integriert werden.

Wenn Sie die kosmische Spiritualität weiter erforschen, ist es wichtig, sich daran zu erinnern, dass die Entwicklung von Intuition und übersinnlichen Fähigkeiten ein fortlaufender Prozess ist. Er erfordert Übung, Geduld und Hingabe, aber der Nutzen ist unermesslich. Wenn Sie sich der subtilen Welt öffnen und Ihrer inneren Weisheit vertrauen, werden Sie eine neue Ebene der Verbindung mit dem Universum und mit Ihrer eigenen göttlichen Essenz entdecken.

„Erkenne dich selbst."

Dieser ikonische Satz stand auf dem Orakel von Delphi, einem Heiligtum im antiken Griechenland, das für seine rätselhaften Antworten und spirituellen Ratschläge berühmt ist. Es wird angenommen, dass er von dem griechischen Philosophen Sokrates stammt, der die Bedeutung der Selbsterkenntnis als Weg zu Weisheit und persönlichem Wachstum schätzte, was zeigt, dass Selbsterkenntnis eine Jahrhunderte alte Praxis ist. Indem Sie sich mit Ihrer spirituellen Essenz verbinden und sich auf eine Reise der Selbsterkenntnis begeben, öffnen Sie die Türen zu einem tieferen Verständnis Ihrer selbst und der Welt um Sie herum. Der Satz „Erkenne dich selbst" erinnert uns daran, wie wichtig es ist, Werte, Überzeugungen und Identitäten zu erforschen, um authentisch und sinnvoll zu leben.

9
Erweiterung des individuellen Bewusstseins

Die Erweiterung des Bewusstseins ist eine faszinierende Reise, eine Einladung, die Tiefen des eigenen Seins zu erforschen und die Grenzen der eigenen Realität zu überschreiten. In der kosmischen Spiritualität wird die Erweiterung des Bewusstseins als grundlegender Schritt in der spirituellen Evolution angesehen, da sie den Zugang zu höheren Ebenen des Verständnisses und der Weisheit ermöglicht.

Wenn Sie sich auf diese Reise der Bewusstseinserweiterung begeben, sind Sie eingeladen, Ihre begrenzenden Überzeugungen zu hinterfragen und Ihren Horizont zu erweitern. Manchmal sind Sie daran gewöhnt, die Welt aus einer engen Perspektive zu sehen, die auf Ihren früheren Erfahrungen und sozialen Konditionierungen beruht. Die kosmische Spiritualität ist jedoch eine Einladung, über diese Beschränkungen hinauszugehen und neue Dimensionen zu erforschen.

Da viel über „einschränkende Glaubenssätze" im ganzheitlichen Sinne gesprochen wird, ist es angebracht, die Bedeutung des Begriffs zu erklären, damit Sie sich voll und ganz bewusst sind, was ein „einschränkender Glaubenssatz" ist und wie er Ihr Leben beeinflusst.

Begrenzende Glaubenssätze sind tief verwurzelte Überzeugungen in Ihrem Geist, die wie unsichtbare Barrieren wirken und Ihre Handlungen, Entscheidungen und die Art und Weise, wie Sie die Welt und sich selbst wahrnehmen, einschränken. Diese Überzeugungen bilden sich oft im Laufe des Lebens aufgrund früherer Erfahrungen, Fehlinterpretationen von Ereignissen und sozialer oder kultureller Prägung. Gedanken wie „Ich bin nicht gut genug", „Ich verdiene keinen Erfolg" oder „Für mich wird sich nie etwas ändern" sind gängige Beispiele für einschränkende Überzeugungen, die Ihre Realität auf negative Weise prägen.

Diese Überzeugungen beeinflussen das Leben in erheblichem Maße, denn sie wirken wie mentale Filter, die bestimmen, wie Sie auf verschiedene Situationen reagieren. Sie können Ihr Potenzial einschränken, Sie daran hindern, Ihre Ziele zu erreichen, oder sogar Ihre Wahrnehmung verzerren, so dass Sie Herausforderungen sehen, wo es Chancen gibt. Da sie die meiste Zeit unbewusst sind, wirken diese Überzeugungen im Hintergrund, beeinflussen Ihre Entscheidungen und sabotieren Ihren Fortschritt, ohne dass Sie es merken.

Indem Sie diese Überzeugungen hinterfragen und überwinden, ebnen Sie den Weg für persönliche und spirituelle Transformation. Dabei geht es darum, Gedanken oder Muster zu erkennen, die Ihnen nicht mehr dienlich sind, und sie durch ermutigende Überzeugungen zu ersetzen, die Ihr Wachstum vorantreiben. Kosmische Spiritualität lädt Sie in diesem Zusammenhang dazu ein, Ihr Bewusstsein zu erweitern, sich von den Beschränkungen zu befreien, die Ihnen diese Glaubenssätze auferlegt haben, und neue Horizonte der Möglichkeiten zu erkunden. Indem Sie diese Barrieren hinter sich lassen, können Sie vollständiger leben und sich auf Ihr wahres Potenzial ausrichten.

Auf Ihrer Reise zur Erweiterung Ihres Bewusstseins spielt die Überwindung einschränkender Glaubenssätze eine entscheidende Rolle. Diese Überzeugungen sind, wie wir gesehen haben, Barrieren, die Ihr Potenzial einschränken und Ihre Wahrnehmung der Realität verzerren. Wenn sie identifiziert und umgewandelt werden, werden sie zu Möglichkeiten, Ihr Verständnis von sich selbst und dem Kosmos zu erweitern und Raum für Praktiken zu schaffen, die Sie mit höheren Dimensionen und Ihrer göttlichen Essenz verbinden.

Einer der wirksamsten Wege, mit einschränkenden Glaubenssätzen umzugehen, ist die regelmäßige Praxis der Meditation, die bereits auf den vorhergehenden Seiten besprochen wurde. Meditation beruhigt nicht nur den Geist, sondern schafft auch einen Zustand der Empfänglichkeit, der es leichter macht, diese Überzeugungen zu erkennen und aufzulösen. In diesem Zustand der Ruhe und der inneren Verbundenheit können Sie Ihre Gedanken und emotionalen Muster klarer beobachten, was es Ihnen ermöglicht, einschränkende Überzeugungen zu erkennen und durch positivere und stärkere Perspektiven zu ersetzen.

Indem Sie die Glaubenssätze loslassen, die Sie an eine begrenzte Sichtweise binden, ebnen Sie den Weg für Praktiken wie die Astralprojektion. Diese Erfahrung geht über die Grenzen des physischen Körpers hinaus und bietet eine einzigartige Gelegenheit, feinstoffliche Bereiche und höhere Dimensionen zu erkunden. Während der Astralprojektion können Sie Lichtwesen und Geistführer treffen, die Ihnen tiefe Einsichten und Weisheit für Ihre Reise bieten. Diese Praxis erweitert nicht nur Ihre Wahrnehmung des Kosmos, sondern stärkt auch die Vorstellung, dass Ihre Begrenzungen durch innere Barrieren entstehen, die überwunden werden können.

Wenn Sie sich auf höhere Ebenen begeben, wird die Integration von Selbsterkenntnis und Bewusstseinserweiterung deutlich. Das Erkennen und Bearbeiten Ihrer einschränkenden Glaubenssätze ist Teil des Prozesses, in Ihr Inneres einzutauchen und sich mit den tiefsten Aspekten Ihrer Psyche zu konfrontieren.

Dies schließt sowohl helle als auch dunkle Züge ein, da beide für Ihre spirituelle Entwicklung wesentlich sind.

Die Umwandlung dieser Überzeugungen ist ein unverzichtbarer Schritt auf dem Weg zum Erwachen zu Ihrer wahren Essenz. Dabei werden Sie sich zunehmend Ihrer Verbindung zum Kosmos und Ihrer multidimensionalen Natur bewusst. In diesem Zustand des erweiterten Bewusstseins erkennen Sie, dass einschränkende Glaubenssätze nicht nur Hindernisse sind, die es zu überwinden gilt, sondern auch Einladungen, sich neuen Horizonten zu öffnen und im Einklang mit der Weisheit und Liebe des Universums zu leben.

Die Überwindung einschränkender Glaubenssätze ist also kein Selbstzweck, sondern eine wesentliche Etappe auf Ihrer fortlaufenden Reise der Selbstentdeckung und Bewusstseinserweiterung. Indem Sie diese Transformationen mit spirituellen Praktiken wie Meditation und Astralprojektion verbinden, stärken Sie Ihre Verbindung mit dem Kosmos und erhalten Zugang zum wahren Zweck Ihrer Existenz.

10
Tugenden und Werte der Wesen des Lichts

In der Kosmischen Spiritualität spielt die Kultivierung von Tugenden und Werten eine grundlegende Rolle im Prozess des spirituellen Wachstums und der Suche nach einem erfüllten und sinnvollen Leben. Die Wesen des Lichts glauben, dass diese Tugenden und Werte grundlegend für die Schaffung einer harmonischen Gesellschaft sowie für die Anhebung des kollektiven Bewusstseins sind.

Eine der wesentlichen Tugenden, die in der Kosmischen Spiritualität kultiviert werden, ist Mitgefühl. Mitgefühl ist die Fähigkeit, sich in die Lage des anderen hineinzuversetzen, seinen Schmerz und seine Herausforderungen zu verstehen und nachzuempfinden. Mitgefühl lädt uns ein, mit Freundlichkeit und Wohlwollen zu handeln und die Verbundenheit aller Wesen zu erkennen. Indem wir Mitgefühl kultivieren, erweitern wir unser Bewusstsein und fördern Heilung und Harmonie in unserer Umgebung.

Eine weitere Tugend, die von den Wesen des Lichts geschätzt wird, ist Weisheit. Weisheit ist das Ergebnis der ständigen Suche nach Wissen, Erfahrung und tiefer Reflexion. Weisheit ermöglicht es uns, die Wahrheit zu erkennen und in allen Situationen mit Unterscheidungsvermögen zu handeln. Die Suche nach Weisheit beinhaltet einen Prozess der Selbstentdeckung und Selbsterkenntnis, in dem man aus seinen Erfahrungen lernt und sich für ein tieferes Verständnis des Lebens und seiner selbst öffnet.

Die Wesen des Lichts schätzen Integrität als eine grundlegende Tugend. Integrität bedeutet, in Übereinstimmung mit höheren Werten zu handeln; ihr müsst in euren Handlungen und Worten authentisch und aufrichtig sein. Es ist die Fähigkeit, seine Verpflichtungen einzuhalten und Versprechen zu erfüllen. Die Kultivierung von Integrität ermöglicht es Ihnen, gemäß Ihrer inneren Wahrheit zu leben und Beziehungen des Vertrauens und des Respekts mit anderen aufzubauen.

Dankbarkeit ist (wie bereits erwähnt) auch eine wesentliche Tugend in der Kosmischen Spiritualität. Dankbarkeit ist die Aufforderung, die Segnungen und Geschenke des Lebens zu erkennen und zu schätzen, selbst in schwierigen Momenten. Sie lehrt uns, jede Erfahrung, jeden Menschen oder jede Gelegenheit, die unseren Weg kreuzt, zu schätzen und Dankbarkeit auszudrücken. Wenn Sie Dankbarkeit kultivieren, öffnen Sie Ihr Herz für Fülle und Freude.

In der Kosmischen Spiritualität spielen Werte ebenfalls eine grundlegende Rolle auf der Reise des spirituellen Wachstums. Zu den wichtigsten Werten der Wesen des Lichts gehört die Harmonie. Harmonie bedeutet, ein Gleichgewicht zwischen allen Bereichen des Lebens und der Welt um dich herum zu suchen. Es ist die Suche nach innerem Frieden und harmonischer Zusammenarbeit mit anderen und mit der Natur.

Ein weiterer wesentlicher Wert ist die Wahrheit. Die Wesen des Lichts schätzen die Suche nach innerer Wahrheit und Authentizität in allen Handlungen. Dazu gehört, dass ihr im Einklang mit euren Werten lebt und ehrlich zu euch selbst und anderen seid. Die Suche nach Wahrheit hilft euch, zu wachsen und euch spirituell zu entwickeln, indem ihr eine Verbindung zu eurer tiefsten Essenz herstellt.

Respekt ist ein grundlegender Wert in der Kosmischen Spiritualität. Respekt bedeutet, die Würde aller Wesen zu schätzen und zu ehren, ungeachtet ihrer Unterschiede. Es bedeutet, Gleichheit und Vielfalt als bereichernde Aspekte des Lebens anzuerkennen. Indem ihr Respekt praktiziert, tragt ihr dazu bei, gesunde Beziehungen aufzubauen und eine faire und integrative Gesellschaft zu schaffen.

Schließlich schätzen die Wesen des Lichts die Liebe als den höchsten Wert. Bedingungslose Liebe ist die Kraft, die das gesamte Universum durchdringt und alle Formen des Lebens miteinander verbindet. Liebe in eurem Herzen zu kultivieren und sie in Taten auszudrücken ist der Weg zu spiritueller Erhebung und persönlicher Transformation. Liebe ist die Verbindung mit der Quelle, sie befähigt den Menschen, mit Mitgefühl, Güte und Empathie zu leben.

Indem ihr die Tugenden und Werte der Wesen des Lichts kultiviert, schafft ihr eine solide Grundlage für die spirituelle Reise und werdet zu einem Akteur der positiven Transformation in der Welt. Diese Werte sind ein Wegweiser für die Erweiterung des individuellen Bewusstseins, verbinden dich mit deiner höchsten Essenz und inspirieren dich, in Harmonie mit allen Wesen und dem Universum zu leben.

11
Die transformative Kraft des Würfels des Lichts

Auf dem Weg der spirituellen Reise gibt es verschiedene Praktiken und Techniken, die bei der Suche nach innerer Verbindung, Bewusstseinserweiterung und energetischem Gleichgewicht helfen. Eine dieser kraftvollen Praktiken ist der Lichtwürfel, ein Werkzeug, das es Ihnen ermöglicht, Zugang zu hohen Energien zu erhalten und diese für persönliche Transformation und bewusste Manifestation zu nutzen.

Der Lichtwürfel ist eine symbolische Darstellung eines multidimensionalen Energiefeldes, das Informationen und positive Schwingungen enthält. Er kann als transparenter, leuchtender, pulsierender Lichtwürfel visualisiert und gedanklich bearbeitet werden. Im Inneren dieses Würfels befindet sich ein heiliger Raum, in den Sie Ihre Absichten lenken und Prozesse der Heilung, Expansion und Transformation durchführen können.

Wenn Sie mit dem Lichtwürfel arbeiten, ist es wichtig, eine friedliche und günstige Umgebung für die Praxis zu schaffen.

Suchen Sie sich einen Ort, an dem Sie sich wohl fühlen und an dem es keine Unterbrechungen gibt. Nehmen Sie sich ein paar Augenblicke Zeit, um zur Ruhe zu kommen und sich zu entspannen. Atmen Sie tief durch und erlauben Sie Ihrem Geist, sich zu beruhigen.

Sobald Sie einen entspannten, meditativen Zustand erreicht haben, stellen Sie sich einen Würfel aus hellem Licht vor sich vor. Beobachten Sie seine Form, seine Farben und seine Leuchtkraft. Spüren Sie die Energie, die von ihm ausgeht, spüren Sie, dass er ein Gefühl von Frieden, Liebe und Harmonie vermittelt.

Während du dich mit der Energie des Würfels verbindest, bewege ihn und erlaube ihr, dein ganzes Wesen zu umhüllen und es mit Licht und Positivität zu erfüllen.

Im Inneren des Lichtwürfels können Sie verschiedene Praktiken durchführen und mit unterschiedlichen Absichten arbeiten.

Heilung und Transformation: Wenn du den Lichtwürfel betrittst, kannst du deine Absicht auf die Heilung körperlicher, emotionaler oder spiritueller Aspekte richten, die des Gleichgewichts und der Harmonie bedürfen. Visualisieren Sie sich im Inneren und sehen Sie das Licht, das alle Bereiche erfüllt, Blockaden auflöst und tiefe Heilung fördert.

Bewusste Manifestation: Nutzen Sie den Lichtwürfel als heiligen Raum, um Ihre Wünsche und Träume zu manifestieren. Visualisieren Sie Ihre bereits erreichten Ziele im Inneren des Würfels und spüren Sie die Freude und Dankbarkeit für deren Verwirklichung. Senden Sie diese Manifestationsenergie ins Universum und vertrauen Sie darauf, dass der Prozess der Schöpfung im Gange ist.

Energetische Reinigung: Stellen Sie sich im Inneren des Lichtwürfels vor und lassen Sie sein strahlendes Licht in jede Zelle Ihres Wesens eindringen. Spüren Sie, wie das Licht negative Energien auflöst, begrenzende Muster umwandelt und Ihre Schwingung anhebt. Lassen Sie sich durch das Licht des Würfels vollständig reinigen und erneuern.

Spirituelle Verbindung: Verwenden Sie den Lichtwürfel, um sich mit Ihrem Höheren Selbst, Ihren Geistführern oder Lichtwesen zu verbinden. Visualisieren Sie sich im Inneren des Würfels und öffnen Sie sich, um Weisheit, Führung und Inspiration zu empfangen. Seien Sie offen für Botschaften oder Einsichten, die sich während dieser Verbindung ergeben.

Wenn Sie regelmäßig mit dem Lichtwürfel arbeiten, stärken Sie Ihre Verbindung mit der kosmischen Energie, Ihre innere Weisheit und Ihre Fähigkeit, Ihre Realität bewusst zu gestalten. Denken Sie daran, dass der Würfel ein mächtiges Werkzeug ist, aber es sind Ihre Absicht und Ihre bewusste Präsenz, die seine Wirkung aktivieren und verstärken.

Nehmen Sie sich nach jeder Sitzung, in der Sie mit dem Lichtwürfel gearbeitet haben, einen Moment Zeit, um Dankbarkeit für die Erfahrung und die Transformationen auszudrücken, die sich in Ihrem Leben manifestieren. Erlauben Sie der Energie des Würfels, weiter zu fließen und sich auszudehnen und auf die Umgebung und das Universum auszustrahlen.

Indem Sie die Praxis des Lichtwürfels in Ihre spirituelle Reise einbeziehen, öffnen Sie Türen zur Selbstentfaltung, zur bewussten Manifestation Ihrer tiefsten Wünsche und zur Verbindung mit höheren Bewusstseinsdimensionen. Nutzen Sie dieses mächtige Werkzeug und erlauben Sie dem Lichtwürfel, Ihren Weg zu Ihrer göttlichen Essenz zu erhellen.

Erforschen Sie weiter, experimentieren Sie und vertiefen Sie Ihre Beziehung zum Lichtwürfel. Erinnere dich daran, dass diese Praxis eine Reise in sich selbst ist, und jeder Moment, den du dieser Verbindung widmest, stärkt deine Verbindung mit den kosmischen Energien und dein Potenzial für bewusste Schöpfung. Seien Sie offen für die Einsichten, das Gelernte und den Segen, den diese Praxis in Ihr Leben bringen wird.

Ich lade Sie ein, sich auf diese Erfahrung mit dem Lichtwürfel einzulassen und ihm zu erlauben, Ihre Reise der Selbstentdeckung, Heilung und Transformation zu begleiten. Vertrauen Sie auf Ihre Kraft und Ihre Fähigkeit, die Realität zu manifestieren, die Sie sich wünschen. Das Licht ist in dir, bereit zu leuchten und den Weg zu erhellen.

12
Grundlagen der kosmischen Meditation

Meditation spielt eine zentrale Rolle in der Kosmischen Spiritualität. Sie ist eine wesentliche Praxis, die es dir ermöglicht, in einen Zustand tiefer Verbindung mit deinem inneren Wesen und mit den subtilen Energien des Universums einzutreten. Kosmische Meditation ist eine kraftvolle Technik, um das Bewusstsein zu erweitern, die Schwingung zu erhöhen und Zugang zu höheren Ebenen der spirituellen Wahrnehmung zu erhalten.

Die Grundlagen der kosmischen Meditation liegen in der Einfachheit und der Fokussierung des Geistes. Obwohl sie bereits auf den vorhergehenden Seiten erläutert wurde, werde ich zum besseren Verständnis des Kapitels eine weitere praktische Meditationsmethode beschreiben.

Um zu beginnen, suchen Sie sich einen ruhigen Ort, an dem Sie bequem sitzen können. Am besten wählen Sie eine ruhige Umgebung, in der Sie sich mit der Natur verbunden fühlen und sich tief entspannen können.

Sobald Sie eine bequeme Position eingenommen haben, schließen Sie die Augen und beginnen Sie, Ihre Aufmerksamkeit auf Ihre Atmung zu lenken. Die Atmung spielt in der Kosmischen Meditation eine wichtige Rolle, da sie hilft, den gegenwärtigen Moment zu verankern und Körper und Geist zu entspannen. Atmen Sie tief ein und achten Sie dabei auf die Bewegung der Luft, die in den Körper ein- und ausströmt.

Während Sie sich auf Ihre Atmung konzentrieren, lassen Sie Ihren Geist zur Ruhe kommen. Nehmen Sie die Gedanken wahr, die auftauchen, aber bleiben Sie nicht an ihnen hängen. Lassen Sie sie sanft vorbeiziehen, wie Wolken am Himmel, und richten Sie Ihre Aufmerksamkeit auf den Atem. Die Übung, Gedanken zu beobachten, ohne sich auf sie einzulassen, ist ein Weg, den Geist zu trainieren, ruhiger und aufnahmefähiger zu werden.

Sobald sich Ihr Geist beruhigt hat, können Sie beginnen, Ihre Aufmerksamkeit auf Ihr inneres Selbst zu richten. Spüren Sie die Präsenz Ihres essentiellen Selbst, Ihre Verbindung mit der Quelle und dem kosmischen Bewusstsein. Erlauben Sie sich, ein Gefühl von Frieden, Liebe und innerer Ausdehnung zu spüren. Wenn du dich auf diese Energie einstimmst, öffnest du dich, um Einsichten, Führung und Heilung zu empfangen.

Während der kosmischen Meditation können Sie sich auch selbst in einer kosmischen Umgebung visualisieren. Stellen Sie sich vor, dass Sie sich an einem Ort der Schönheit und des Friedens befinden, umgeben von Wesen des Lichts. Spüren Sie die liebevolle und heilende Energie dieser Wesen, die Sie mit Liebe und Weisheit umgeben. Erlauben Sie sich, alle Botschaften oder Führungen zu empfangen, die während dieser Visualisierung auftauchen können.

Zur kosmischen Meditation gehört auch die Verwendung feinstofflicher Frequenzen und Energien, um Ihre Schwingung zu erhöhen und Ihr Bewusstsein zu erweitern. Sie können während der Meditation positive Affirmationen wie „Ich bin Licht" oder „Ich bin Liebe" verwenden, um Ihre Verbindung mit Ihrer göttlichen Natur zu stärken. Darüber hinaus können Sie Kristalle oder Symbole als energetische Unterstützung während der Meditation verwenden.

Denken Sie daran, dass die Praxis der Meditation persönlich und einzigartig ist. Es gibt keinen richtigen oder falschen Weg zu meditieren. Wichtig ist, dass Sie sich die Zeit nehmen, sich mit Ihrer inneren Essenz zu verbinden, Frieden und geistige Klarheit zu suchen, um die spirituellen Geschenke zu empfangen, die die Kosmische Meditation bietet.

Je tiefer Sie in Ihre Meditationspraxis eintauchen, desto mehr spirituelle Sensibilität werden Sie entwickeln und eine tiefe Verbindung mit den subtilen

Bereichen der Existenz. Diese Praxis hilft Ihnen, Ihr Bewusstsein zu erweitern, so dass Sie Ihre wahre Natur entdecken und sich mit Ihrer spirituellen Mission auf der Erde in Einklang bringen können.

13
Meditation zur Verbindung mit der Quelle

In der kosmischen Spiritualität wird die Verbindung mit der Quelle als eine grundlegende Aufgabe angesehen. Die Quelle ist die ursprüngliche Energie, das kosmische Bewusstsein, aus dem alle Dinge hervorgehen. Die Verbindung mit dieser Energie bringt tiefe Heilung, Weisheit und Bewusstseinserweiterung. Sie werden einige Meditationstechniken kennenlernen, die Ihnen helfen, Ihre Verbindung mit der Quelle aller Dinge zu stärken.

Bewusste Atemmeditation: Beginnen Sie damit, sich bequem hinzusetzen und die Augen zu schließen. Konzentrieren Sie sich auf Ihren Atem und beobachten Sie, wie er in Ihren Körper ein- und ausströmt.

Während sich Ihr Geist beruhigt, richten Sie Ihre Aufmerksamkeit auf das Gefühl der Ausdehnung, das bei jedem Einatmen auftritt, und auf das Gefühl der Entspannung, das bei jedem Ausatmen auftritt. Fühle dich mit der Lebensenergie verbunden, die durch dich fließt, und erkenne, dass diese Energie von der Quelle kommt.

Heilige Mantra-Meditation: Wähle ein Mantra, das mit dir in Resonanz geht, wie z.B. „Ich bin eins mit der Quelle" oder „Ich verbinde mich mit der göttlichen Quelle". Wiederhole das Mantra und erlaube seinen Worten, eine kraftvolle Schwingung in dir zu erzeugen. Konzentriere dich auf die Absicht hinter dem Mantra und fühle, wie die Energie der Quelle mit deiner verschmilzt. Lassen Sie sich vom Mantra in einen tieferen meditativen Zustand führen, in dem Sie eine intensivere Verbindung erfahren können.

Meditation mit weißem Licht: Visualisieren Sie ein strahlend weißes Licht, das Ihr ganzes Wesen erfüllt. Stellen Sie sich dieses Licht als eine direkte Manifestation der Quelle vor, rein und heilig. Erlaube diesem weißen Licht, deinen Verstand, deinen Körper und deinen Geist zu reinigen und zu läutern und jegliche negative Energie oder Blockaden aufzulösen. Spüren Sie, wie dieses liebevolle Licht Sie einhüllt, und erlauben Sie ihm, Ihre Verbindung mit der Quelle zu stärken.

Dankbarkeitsmeditation: Dankbarkeit ist ein mächtiges Werkzeug, um sich mit der Quelle zu verbinden. Nimm dir etwas Zeit, um über die Segnungen in deinem Leben nachzudenken und tiefe Dankbarkeit für sie zu empfinden. Konzentriere dich bei deiner Meditation auf jeden Aspekt deines Lebens, für den du dankbar bist, von den einfachsten bis zu den bedeutendsten Dingen. Spüren Sie, wie die Quelle in all diesen Segnungen gegenwärtig ist und wie Dankbarkeit Ihre Verbindung mit dieser göttlichen Energie ausweitet.

Meditation des offenen Herzens: Stellen Sie sich vor, dass sich Ihr Herz wie eine blühende Blume öffnet. Stellen Sie sich vor, dass es mit bedingungsloser Liebe und Mitgefühl gefüllt ist. Während du dich auf die Liebe in deinem Herzen konzentrierst, spüre, wie diese liebende Energie mit der Quelle verbunden ist. Erlaube deinem Herzen, sich mehr und mehr auszudehnen und dich tief mit der Energie der Quelle zu verbinden, die die reine Essenz der universellen Liebe ist.

Wenn du diese Meditationstechniken zur Verbindung mit der Quelle anwendest, denke daran, dass der Schlüssel in deiner Absicht liegt. Seien Sie geduldig und ausdauernd in Ihrer Praxis und erlauben Sie der Verbindung mit der Quelle, sich mit der Zeit zu vertiefen. Meditation ist für jeden eine persönliche und einzigartige Reise, und auch deine Erfahrung mit der Quelle wird für dich einzigartig sein.

14
Vertiefung der Verbindung

Auf der spirituellen Reise ist es wichtig, eine tiefe Verbindung mit der kosmischen Weisheit zu suchen. Kosmische Weisheit ist das Verständnis und das Wissen, das die Grenzen des menschlichen Verstandes überschreitet und dem universellen Bewusstsein entspringt. Sie ist eine unbegrenzte Quelle der Einsicht, Klarheit und Führung, die Ihnen hilft, die wahre Natur und den Zweck Ihrer Existenz zu verstehen. Wir werden Wege erkunden, wie Sie tiefer in diese Verbindung und diese Weisheit eindringen und lernen können, sie in Ihre spirituelle Reise zu integrieren.

Innere Stille: Kosmische Weisheit entsteht oft in der Stille. Nehmen Sie sich jeden Tag Zeit für die Stille, sei es durch Meditation, Kontemplation oder einfach durch Abschalten vom äußeren Lärm. Indem Sie Ihrem Geist erlauben, sich zu beruhigen und zur Ruhe zu kommen, schaffen Sie Raum für kosmische Weisheit, die sich offenbaren kann. Seien Sie offen und empfänglich für die subtilen Botschaften, die in diesen Momenten der Stille auftauchen.

Verbinden Sie sich mit der Natur: Die Natur ist ein Portal zur kosmischen Weisheit und Teil ihrer Manifestation. Indem Sie sich mit der natürlichen Welt verbinden, erfahren Sie die Harmonie und Ordnung, die in der gesamten Schöpfung vorhanden ist. Verbringen Sie einige Zeit im Freien und beobachten Sie die Schönheit der Natur. Durch diese Verbindung spüren Sie die tiefe Verbundenheit mit dem Universum und erhalten Einblicke in die kosmische Weisheit.

Spirituelle Studien: Die Suche nach Wissen und Weisheit durch spirituelle Studien ist ebenfalls eine Möglichkeit, Ihre Verbindung zur kosmischen Weisheit zu vertiefen. Lesen Sie Bücher, besuchen Sie Vorträge, Workshops oder studieren Sie die Lehren spiritueller Meister. Diese Quellen bieten Perspektiven und Einsichten, die das Verständnis erweitern und die innere Weisheit wecken. Denken Sie daran, dass spirituelle Studien sich nicht auf die Theorie beschränken, sondern auch mit Praxis und direkter Erfahrung verbunden sind.

Einstimmen auf die Intuition: Die Intuition ist ein direkter Kanal zur kosmischen Weisheit. Indem Sie Ihre intuitive Fähigkeit entwickeln, öffnen Sie sich für den Empfang von Einsichten und göttlicher Führung. Praktizieren Sie innere Stille und aufmerksames Zuhören, vertrauen Sie Ihren Gefühlen und seien Sie offen für die subtilen Botschaften, die in Ihrem

Bewusstsein auftauchen. Je mehr Sie Ihrer Intuition vertrauen und nach ihrer Führung handeln, desto tiefer wird Ihre Verbindung mit der kosmischen Weisheit sein.

Praktiken der Energieverbindung: Energie ist das Vehikel, das die kosmische Weisheit benutzt, um zu fließen. Praktiken wie Energiechannelling, kreative Visualisierung und Energieheilung öffnen die Kommunikationskanäle zur kosmischen Weisheit. Indem Sie eine bewusste Verbindung mit der universellen Energie kultivieren, erhalten Sie Zugang zu Informationen und Einsichten, die über die Grenzen des rationalen Verstandes hinausgehen.

Demut und Losgelöstheit kultivieren: Die kosmische Weisheit kann nicht vom egoistischen Verstand eingefangen oder kontrolliert werden. Es ist wichtig, auf Ihrer spirituellen Reise Demut und Losgelöstheit zu kultivieren. Seien Sie offen für die Erkenntnis, dass es noch viel mehr zu lernen und zu verstehen gibt als das, was Sie derzeit wissen. Erlauben Sie sich, einschränkende Glaubenssätze und vorgefasste Meinungen loszulassen, um der kosmischen Weisheit Raum zu geben, durch Sie zu fließen.

Indem du deine Verbindung mit der kosmischen Weisheit vertiefst, verbindest du dich mit der Weite des Universums und wirst zu einem Kanal für den göttlichen Ausdruck. Denken Sie daran, dass die kosmische Weisheit kein Ziel ist, das es zu erreichen gilt, sondern eine kontinuierliche Reise der Entdeckung und

Erweiterung. Nimm diese Reise mit Dankbarkeit und Offenheit an und vertraue darauf, dass die kosmische Weisheit deinen Weg zur Erleuchtung und Erfüllung führen wird.

15
Kosmisches Raumschiff Meditation

Die Cosmic Starship Meditation ist eine kraftvolle Praxis, die es dir ermöglicht, die Energie und das Bewusstsein der Wesen des Lichts auf eine tiefgreifende und transformative Weise zu erfahren. Diese Meditation versetzt dich in das kosmische Raumschiff, wo du dich mit den Wesen des Lichts verbindest, indem du Zugang zu ihren Frequenzen der Liebe, Heilung und Weisheit erhältst. Lasst uns die Schritte zur Durchführung dieser Meditation erkunden, in dem Wissen, welchen Nutzen sie für eure spirituelle Reise bringt.

Bevor du mit der Meditation beginnst, suche dir einen ruhigen Ort, an dem du bequem sitzen kannst. Schalten Sie Ihre elektronischen Geräte aus und nehmen Sie sich etwas Zeit, um sich zu entspannen und sich auf diese einzigartige Erfahrung vorzubereiten.

Beginnen Sie damit, tief zu atmen und Ihren Körper zu entspannen. Konzentrieren Sie sich darauf, alle Spannungen und Sorgen loszulassen, die Sie vielleicht in sich tragen. Stellen Sie sich vor, dass Sie von einem schützenden, liebevollen Licht umgeben sind, das Sie vollständig einhüllt.

Setze deine klare Absicht, dich mit den Wesen des Lichts zu verbinden, um Führung, Heilung und Weisheit zu erhalten. Öffne dein Herz, um die liebevollen und wohlwollenden Energien zu empfangen, die dir während dieser Meditation zur Verfügung stehen werden.

Stelle dir vor, dass du ein helles und leuchtendes Raumschiff betrittst. Achten Sie auf die Details des Schiffes, wie Farben, Formen und die heitere Atmosphäre, und hüllen Sie sich in diese Energie des Friedens und der Erhebung ein.

Während du dich auf dem Schiff bewegst, erlaube dir, Wesen des Lichts zu begegnen. Sie mögen sich als helle Wesen des Lichts mit einer liebevollen und einladenden Energie präsentieren. Fühlt ihre Anwesenheit um euch herum und erlaubt ihrer Energie, mit euch in Resonanz zu gehen.

In diesem heiligen Raum des Raumschiffs kannst du eine telepathische Kommunikation mit den Wesen des Lichts aufnehmen. Stellen Sie Fragen, teilen Sie Ihre Sorgen mit, öffnen Sie sich, um ihre Antworten und ihre Führung zu empfangen. Fühle dich von ihrer kosmischen Weisheit und bedingungslosen Liebe umhüllt.

Lasst die Energie der Wesen des Lichts durch euch fließen und bringt Heilung und Transformation für jeden Aspekt des Lebens, bei dem ihr Hilfe braucht. Spüre, wie diese erhabene Energie dein Wesen durchdringt, Blockaden auflöst und Gleichgewicht und Harmonie bringt.

Am Ende der Meditation danke den Wesen des Lichts für ihre Anwesenheit und Führung. Fühle dich dankbar für die Möglichkeit, dich mit ihrer Energie und Weisheit zu verbinden. Bringe dein Bewusstsein langsam in deinen physischen Körper zurück und fühle dich geerdet und in Frieden.

Die Cosmic Starship Meditation ist eine persönliche und einzigartige Erfahrung. Wenn du sie regelmäßig praktizierst, wirst du eine zunehmende geistige Klarheit feststellen, ein Gefühl des inneren Friedens und eine größere Verbindung mit der kosmischen Weisheit spüren. Erlauben Sie sich, diese Praxis zu erforschen und lassen Sie sie Ihre Reise des spirituellen Wachstums begleiten.

16
Meditation in das tägliche Leben integrieren

Die Praxis der Meditation ist ein mächtiges Werkzeug, um inneren Frieden, geistige Klarheit und spirituelle Verbundenheit zu kultivieren. Allerdings stehen Sie oft vor der Herausforderung, diese Praxis in Ihren geschäftigen Alltag zu integrieren. Sie werden jetzt Strategien und Tipps lernen, wie Sie die Meditation auf praktische und sinnvolle Weise in Ihren Alltag integrieren können, damit Sie die Vorteile dieser transformativen Praxis in allen Lebensbereichen nutzen können.

Etablieren Sie eine Meditationsroutine.

Eine der effektivsten Möglichkeiten, Meditation in den Alltag zu integrieren, ist die Einführung einer Routine. Legen Sie einen bestimmten Zeitpunkt am Tag fest, an dem Sie sitzen und meditieren. Das kann morgens sein, bevor Sie mit Ihren Aktivitäten beginnen, oder abends, bevor Sie schlafen gehen. Wählen Sie eine

Zeit, die Ihnen am besten passt, und verpflichten Sie sich, sie regelmäßig einzuhalten. So wird die Meditation zur Gewohnheit und zu einem natürlichen Teil Ihrer Routine.

Wenn Sie wenig Zeit haben, beginnen Sie mit kurzen Meditationssitzungen. Schon ein paar Minuten achtsamer Meditation können Ihr Wohlbefinden erheblich verbessern. Machen Sie während des Tages kurze Pausen, z. B. bei der Arbeit oder vor dem Essen, um die Augen zu schließen, tief zu atmen und sich mit dem gegenwärtigen Moment zu verbinden. Diese Momente des bewussten Innehaltens beruhigen den Geist und bringen Klarheit inmitten des Alltagschaos.

Finden Sie ruhige Orte.

Obwohl es ideal ist, einen eigenen Raum für die Meditation zu haben, ist dies nicht immer möglich. Sie können jedoch zu Hause oder am Arbeitsplatz einen ruhigen Ort finden, an den Sie sich für ein paar Momente der Meditation zurückziehen können. Das kann eine Ecke in Ihrem Schlafzimmer sein, ein nahe gelegener Park oder sogar ein ruhiges Badezimmer. Wichtig ist, dass Sie einen Ort finden, an dem Sie sich wohl fühlen und sich konzentrieren können.

Üben Sie die Meditation unterwegs.

Meditation muss nicht nur darin bestehen, in Stille zu sitzen. Sie können die Meditation in Ihre täglichen Aktivitäten integrieren und diese in Momente der

Achtsamkeit verwandeln. Achten Sie zum Beispiel beim Spazierengehen auf die Empfindungen in Ihrem Körper, die Textur unter Ihren Füßen oder Ihre Atmung. Wenn Sie duschen, spüren Sie, wie das Wasser Ihre Haut berührt, und konzentrieren Sie sich darauf, Ihren Körper zu entspannen. Wenn Sie essen, genießen Sie das Essen, indem Sie auf den Geschmack und die Beschaffenheit achten. Diese bewegten Meditationsübungen helfen Ihnen, Achtsamkeit in alle Ihre täglichen Aktivitäten einzubringen.

Manchmal vergisst man, zu meditieren, wenn man mit den täglichen Aufgaben beschäftigt ist. Nutzen Sie visuelle Erinnerungshilfen, z. B. eine Erinnerung auf Ihrem Mobiltelefon oder einen Zettel, der an einem gut sichtbaren Ort aufbewahrt wird. Darüber hinaus gibt es viele Meditations-Apps, die Benachrichtigungen senden und verschiedene geführte Übungen anbieten. Diese Ressourcen sind nützlich, um eine regelmäßige und konstante Praxis aufrechtzuerhalten.

Eine weitere gute Möglichkeit, Meditation in den Alltag zu integrieren, besteht darin, die Praxis mit anderen zu teilen. Dies kann durch den Beitritt zu örtlichen Meditationsgruppen oder sogar online geschehen, wo Sie mit anderen Praktizierenden in Kontakt treten und Ihre Erfahrungen austauschen können. Außerdem hilft es, einen Partner oder Freund zu haben, mit dem Sie Ihre Meditationsziele teilen können, um Engagement und Motivation aufrechtzuerhalten. Indem Sie Ihren Meditationsweg mit anderen teilen, schaffen Sie ein Gefühl von Gemeinschaft und gegenseitiger Unterstützung.

Meditation ist eine uralte Praxis, die eine Reihe von Vorteilen für Körper, Geist und Seele bietet. Die Integration der Meditation in den Alltag bringt positive Veränderungen in allen Lebensbereichen mit sich.

Einer der bemerkenswertesten Vorteile der Meditation ist ihre Fähigkeit, Stress und Ängste zu reduzieren. Indem Sie sich täglich Zeit für die Meditation nehmen, beruhigen Sie Ihren Geist und verringern die Aktivierung des sympathischen Nervensystems, das für die Stressreaktion verantwortlich ist. Dies hilft Ihnen, mit schwierigen Situationen besser umzugehen, und erhöht Ihre emotionale Widerstandsfähigkeit.

Bei der Meditation wird der Geist darauf trainiert, sich auf ein einziges Objekt oder einen Gedanken zu konzentrieren, z. B. auf die Atmung. Diese ständige Konzentrationsübung stärkt Ihre Aufmerksamkeitsspanne und erhöht die geistige Klarheit. Dadurch werden Sie bei Ihren täglichen Aktivitäten effizienter, treffen Entscheidungen mit größerem Urteilsvermögen und steigern Ihre Produktivität.

Durch regelmäßiges Meditieren entwickeln Sie ein größeres Bewusstsein für Ihre Gefühle und Gedankenmuster. Dadurch wird es möglich, negative

Emotionen zu erkennen und mit ihnen auf gesunde Weise umzugehen, was zu größerer emotionaler Stabilität und allgemeinem psychischen Wohlbefinden führt.

Vielen Menschen fällt es schwer, sich zu entspannen und den Geist abzuschalten, bevor sie schlafen gehen. Meditation kann nachweislich die Entspannung fördern und Schlaflosigkeit verringern. Die Meditation vor dem Schlafengehen bereitet Körper und Geist auf einen friedlichen und erholsamen Schlaf vor.

Wenn der Geist durch Meditation zur Ruhe kommt, kann sich die Kreativität entfalten und die Intuition wird leichter zugänglich. Innovative Ideen und Erkenntnisse haben mehr Raum, wenn der Geist frei von unaufhörlichen Gedanken und Sorgen ist.

Studien haben gezeigt, dass Meditation mit körperlichen Vorteilen verbunden ist, z. B. mit der Senkung des Blutdrucks und des Risikos von Herz-Kreislauf-Erkrankungen. Darüber hinaus stärkt Meditation das Immunsystem und macht den Körper widerstandsfähiger gegen Krankheiten.

Meditation hat nicht nur individuelle Vorteile, sondern kann sich auch positiv auf zwischenmenschliche Beziehungen auswirken. Indem man durch Meditation die Fähigkeit entwickelt, mit sich selbst in Kontakt zu kommen, wird man in die Lage versetzt, sich selbst zu verstehen und besser mit anderen in Beziehung zu treten, wodurch Empathie und Mitgefühl gefördert werden.

Meditation ist eine Reise der Selbsterkundung. Durch regelmäßiges Praktizieren werden Sie sich Ihrer Gedanken, Gefühle und Ihres Verhaltens bewusster. Diese Selbsterkenntnis ermöglicht es Ihnen, einschränkende Muster zu erkennen und daran zu arbeiten, sie zu überwinden, was Ihre Selbstentfaltung begünstigt.

Kurz gesagt, die Integration der Meditation in den Alltag bringt eine Reihe greifbarer Vorteile mit sich, darunter eine bessere geistige und körperliche Gesundheit, größere geistige Klarheit, emotionales Wohlbefinden und harmonischere Beziehungen im Leben. Indem Sie eine Meditationsroutine einführen, stille Orte aufsuchen oder unterwegs meditieren, können Sie diese Vorteile in Ihrem täglichen Leben nutzen. Denken Sie daran, dass Meditation eine fortlaufende Reise ist und dass Sie mit Übung und Geduld in allen Bereichen die Früchte ernten werden.

17
Das Höhere Selbst

In der Kosmischen Spiritualität spielt das Verständnis des Höheren Selbst eine grundlegende Rolle. Das Höhere Selbst gilt als der höchste Teil des Bewusstseins, der mit der göttlichen Quelle und der kosmischen Weisheit verbunden ist. Lernen wir die Bedeutung und die Aspekte des Höheren Selbst in der Kosmischen Spiritualität kennen, sowie einige Praktiken, um uns mit diesem essentiellen Teil unseres Wesens zu verbinden und in Einklang zu bringen.

Aus der kosmischen Perspektive ist das Höhere Selbst der authentischste Ausdruck dessen, was Sie wirklich sind. Es ist die Verbindung zu Ihrer göttlichen Natur und zum kosmischen Bewusstsein. Das Höhere Selbst ist reine Liebe, Weisheit und Mitgefühl und hat eine erweiterte Vision der Existenz jenseits der Begrenzungen des Egos. Es ist der Teil von Ihnen, der die Illusionen der Trennung transzendiert und die Einheit der gesamten Schöpfung anerkennt. Das Höhere Selbst zu verstehen und Zugang zu ihm zu finden, ist für die spirituelle Reise und die persönliche Entwicklung unerlässlich.

Eine der wichtigsten Übungen in der kosmischen Spiritualität besteht darin, zu lernen, die Stimme des Höheren Selbst zu erkennen und darauf zu hören. Es kommuniziert durch Einsichten, Intuitionen, Synchronizitäten und gesteigerte Gefühle. Es ist entweder eine sanfte, liebevolle Stimme, die Sie zu Ihrem Lebensziel führt und Ihnen hilft, Entscheidungen im Einklang mit Ihrem wahren Wesen zu treffen, oder es ist eine Warnung vor etwas, das unmittelbar bevorsteht. Wer hatte nicht schon einmal ein starkes Gefühl, das sich zu einem späteren Zeitpunkt manifestiert hat? Die Antwort auf diese Frage zeigt die Anwesenheit des Höheren Selbst.

Eine andere Möglichkeit, die vom physischen Bewusstsein getrennte Form der Intelligenz wahrzunehmen, besteht darin, sich zu fragen, ob man sich aussuchen kann, wen man liebt, ob man sich aussuchen kann, welches Gericht man am liebsten mag, oder ob man entscheiden kann, wovor man Angst hat oder nicht. Die Antworten auf diese einfachen Fragen deuten darauf hin, dass in Ihnen eine andere Form des Bewusstseins am Werk ist, die subtiler und intuitiver ist, eine Stimme, die Verhaltensmuster diktiert, die Ihrem physischen Bewusstsein nicht untergeordnet sind.

Aber Sie können Ihren Kontakt mit dieser Stimme feinabstimmen. Um sich darauf einzustellen, müssen Sie durch Meditation, Nachdenken und Stille innere Stille kultivieren, damit sich die Weisheit des Höheren Selbst in Ihrem Bewusstsein manifestieren kann.

Das Verständnis des Höheren Selbst ist nicht auf Momente der Meditation oder bestimmte spirituelle Praktiken beschränkt. Es ist wichtig, das Bewusstsein des Höheren Selbst in alle Aspekte des Lebens zu integrieren. Das bedeutet, im Einklang mit höheren Werten zu leben, mit Liebe und Mitgefühl zu handeln, Dankbarkeit zu kultivieren und in allen Situationen die Wahrheit zu suchen. Wenn Sie sich der Präsenz des Höheren Selbst in jedem Gedanken, jedem Wort und jeder Handlung bewusst werden, beginnen Sie, ein authentischeres, sinnvolleres und erfüllteres Leben zu führen.

Praktiken für die Verbindung mit dem Höheren Selbst.

In der Kosmischen Spiritualität gibt es verschiedene Praktiken, die Ihnen helfen, sich mit dem Höheren Selbst zu verbinden und Ihre Verbindung zu stärken. Einige davon sind:

Meditation:

Nehmen Sie sich jeden Tag Zeit, um nach innen zu gehen, Ihren Geist zu beruhigen und sich für die Gegenwart des Höheren Selbst zu öffnen.

Selbsterforschung:

Stellen Sie tiefe, nachdenkliche Fragen über Ihr Leben, Ihren Zweck und Ihre spirituelle Entwicklung und lassen Sie die Antworten vom Höheren Selbst kommen.

Kreative Visualisierung:

Nutzen Sie die Visualisierung, um sich mit der Weisheit und Führung des Höheren Selbst zu verbinden, indem Sie mentale Bilder erschaffen, die Ihre Verbindung und Ausrichtung darstellen.

Praktiken der Liebe und Dankbarkeit:

Kultiviere ein offenes Herz, praktiziere Handlungen der Freundlichkeit und Dankbarkeit in deinem täglichen Leben und erkenne das Höhere Selbst als die Quelle aller Liebe und Fülle an.

Wenn du in deinem Verständnis des Höheren Selbst Fortschritte machst, kannst du mit größerer Klarheit, Authentizität und Zielstrebigkeit leben. Erkennen Sie, dass Sie ein multidimensionales Wesen mit einer direkten Verbindung zum Göttlichen sind. Die Integration des Höheren Selbst in Ihre spirituelle Reise führt zu einer Erweiterung des Bewusstseins und zur Manifestation Ihrer wahren Essenz in der Welt.

18
Kommunikationstechniken

In der Kosmischen Spiritualität ist die Kommunikation mit dem Höheren Selbst eine wesentliche Praxis, um Führung, Klarheit und Weisheit auf der spirituellen Reise zu finden. Hier finden Sie einige kraftvolle Techniken, um sich mit Ihrem Höheren Selbst zu verbinden und einen bewussten Dialog mit ihm zu führen. Diese Techniken helfen bei der Entscheidungsfindung, der persönlichen Entwicklung und der Ausrichtung auf Ihre wahre Essenz.

Meditation ist ein mächtiges Werkzeug, um eine tiefe Verbindung mit dem Höheren Selbst herzustellen, wie auf den vorherigen Seiten beschrieben.

Automatisches Schreiben ist die Technik, bei der Sie Ihrem Höheren Selbst erlauben, sich durch Schreiben zu manifestieren. Nehmen Sie ein Notizbuch und einen Stift und beginnen Sie frei zu schreiben, ohne zu urteilen oder zu zensieren. Lassen Sie die Worte frei fließen und erlauben Sie Ihrem Höheren Selbst, sich auszudrücken. Sie können damit beginnen, eine Frage zu stellen oder einfach um Führung zu bitten, und dann die Worte ganz natürlich fließen lassen. Diese Übung kann überraschend und aufschlussreich sein und tiefe Einsichten und Antworten auf Ihre Fragen bringen. Techniken zur Entwicklung des automatischen Schreibens sind auf den vorherigen Seiten beschrieben.

Eine weitere Möglichkeit, mit Ihrem Höheren Selbst zu kommunizieren, ist ein bewusster innerer Dialog. Nehmen Sie sich einen ruhigen Moment und führen Sie einen mentalen Dialog mit Ihrem Höheren Selbst. Stellen Sie Fragen und hören Sie auf die intuitiven Antworten, die in Ihrem Bewusstsein auftauchen. Denken Sie daran, dass das Höhere Selbst in einer liebevollen und mitfühlenden Weise spricht, seien Sie also offen für Antworten, die von Ihren Erwartungen abweichen. Habt keine Angst, wenn ihr euren Geist leert und euer Bewusstsein beruhigt, werdet ihr die Stimme eures Höheren Selbst deutlich hören. Haben Sie noch nie eine Stimme gehört, von der Sie nicht wussten, woher sie kam? Haben Sie noch nie Ihren Namen gehört, während Sie vor oder nach dem Schlaf in einen Zustand der Wachsamkeit eintreten oder ihn verlassen?

Das Höhere Selbst kommuniziert oft durch Zeichen oder Synchronizitäten.

Synchronizitäten sind bedeutsame und scheinbar zufällige Ereignisse oder Begebenheiten im Leben, die auf eine Verbindung zwischen der Außenwelt und unserem Höheren Selbst hinweisen. Halten Sie Ausschau nach sich wiederholenden Mustern, unerwarteten Begegnungen, Botschaften in Träumen oder anderen Ereignissen, die bedeutsam oder symbolisch erscheinen. Diese Zeichen können als Antworten oder Bestätigungen deines Höheren Selbst gedeutet werden. Bleiben Sie offen und empfänglich für die Zeichen, die auf Sie zukommen, und vertrauen Sie Ihrer Intuition, um sie zu deuten.

Kreativer Ausdruck ist ebenfalls eine kraftvolle Art, mit dem Höheren Selbst zu kommunizieren. Tanz, Musik, Malerei oder jede andere Kunstform, die Sie anspricht, öffnet Kanäle der subtilen Kommunikation. Erlauben Sie sich, in einem Geist der Hingabe und der Verbindung mit dem Göttlichen in diese Aktivitäten einzutauchen. Nehmen Sie wahr, wie der kreative Ausdruck Blockaden löst, Ihre Schwingung anhebt und es Ihrer wahren Essenz ermöglicht, sich zu manifestieren.

Denken Sie daran, dass die Kommunikation mit dem Höheren Selbst eine fortlaufende Praxis ist und von Mensch zu Mensch variiert. Experimentieren Sie mit diesen Techniken und finden Sie heraus, welche für Sie am besten geeignet sind. Pflegen Sie das Vertrauen in Ihre Fähigkeit, sich mit dem Göttlichen zu verbinden, und seien Sie offen dafür, die Führung und Weisheit Ihres Höheren Selbst zu empfangen. Wenn Sie Ihre Verbindung vertiefen, werden Sie zu einem Leben geführt, das authentischer und sinnvoller ist und mit Ihrer spirituellen Bestimmung übereinstimmt.

19
Channeln und Botschaften

In der kosmischen Spiritualität ist das Channeling eine weitere Praxis, die es dir ermöglicht, Botschaften und Führung von Wesen des Lichts zu empfangen. Durch Channeling erhältst du Zugang zu erhabenen Informationen, tiefen Einsichten und kosmischen Perspektiven, die dir auf deiner spirituellen Reise und deiner persönlichen Entwicklung helfen.

Bevor du mit dem Channeling beginnst, ist es wichtig, dass du dir eine friedliche und heilige Umgebung schaffst. Suchen Sie sich einen Ort, an dem Sie sich wohl fühlen und der frei von Ablenkungen ist.

Führen Sie eine kurze Meditation durch, um sich zu zentrieren und Ihre Schwingung zu erhöhen.

Stellen Sie sich vor, dass Sie von einem schützenden und liebevollen Licht umgeben sind, und bitten Sie um die Anwesenheit und Führung der Wesen des Lichts bei Ihrer Channeling-Arbeit. Um das

Channeln zu erleichtern, stimmen Sie sich auf die kosmische Energie ein. Dies kann durch Visualisierung und Absicht geschehen.

Stellen Sie sich vor, dass Sie von einem bläulichen Licht umgeben sind, ähnlich der Farbe des Sterns Arcturus. Spüren Sie, wie diese Energie in Ihr Wesen eindringt und sich mit der Weisheit und Liebe der Wesen des Lichts verbindet. Wenn du dich dieser Energie öffnest, erlaube ihr, frei durch dich zu fließen, während du dich darauf vorbereitest, Botschaften zu empfangen.

Sobald du eine Verbindung mit der kosmischen Energie hergestellt hast, ist es an der Zeit, dich für das Channeln zu öffnen. Dies kann auf unterschiedliche Weise geschehen, je nach deinen Vorlieben und Fähigkeiten. Manche Menschen ziehen es vor, die Botschaften beim Channeln aufzuschreiben, andere nehmen lieber ihre Stimme auf oder channeln sogar mündlich. Finden Sie die Methode, die Ihnen am meisten zusagt.

Wenn Sie sich für das schriftliche Channeln entscheiden, sollten Sie ein Notizbuch oder einen Computer zur Hand haben. Beginnen Sie damit, einen Gruß an die Lichtwesen zu schreiben, in dem Sie Ihre Absicht zum Ausdruck bringen, Botschaften zu empfangen. Dann lassen Sie die Worte frei fließen, ohne zu urteilen oder zu tadeln. Lassen Sie Ihre Hand oder Ihre Finger sich intuitiv bewegen, um die Botschaften zu erfassen, die übermittelt werden. Vertrauen Sie dem Prozess und machen Sie sich keine Gedanken über Kohärenz oder Grammatik. Klarheit und Kohärenz können später verbessert werden.

Wenn Sie verbales Channeling bevorzugen, suchen Sie sich einen ruhigen Ort, an dem Sie laut sprechen können, ohne unterbrochen zu werden. Beginnen Sie den Prozess, indem Sie Ihre Absicht festlegen und die Lichtwesen einladen, ihre Botschaften durch Sie zu übermitteln. Beginnen Sie frei zu sprechen und lassen Sie die Worte intuitiv fließen. Vielleicht spürst du eine Veränderung in deiner Stimme, deinem Tonfall oder sogar deiner Sprache und der Art, wie du dich ausdrückst. Vertrauen Sie auf die Weisheit, die durch Sie übermittelt wird. Es wird empfohlen, das Channeln aufzuzeichnen, da manche Menschen eine tiefere Verbindung herstellen und in Trance verfallen und später vergessen, was gesagt wurde.

Sobald du die Botschaften der Lichtwesen gechannelt hast, ist es an der Zeit, sie zu interpretieren. Lies oder höre sorgfältig, was übermittelt wurde, und erlaube dir, die Essenz der Worte zu fühlen. Nehmt Einsichten, Führungen oder Lehren wahr, die geteilt wurden. Vertraut eurer Intuition und der Verbindung, die ihr mit den Wesen des Lichts hergestellt habt. Denkt daran, dass Botschaften in Form von Symbolen, Metaphern oder Bildern kommen können, und eure persönliche Interpretation ist wertvoll.

Gechannelte Botschaften von den Wesen des Lichts sollen euch auf eurer spirituellen Reise und in eurer persönlichen Entwicklung helfen. Überlegen Sie, wie Sie diese Botschaften im täglichen Leben anwenden können. Denken Sie über die Erkenntnisse nach, die Sie erhalten haben, und darüber, wie sie Ihnen helfen können, persönlich zu wachsen, Ihr Bewusstsein zu erweitern und mit mehr Liebe, Mitgefühl und Weisheit zu leben. Versuchen Sie, die Führung in Ihre Meditationspraxis, die Entwicklung übersinnlicher Fähigkeiten oder Ihre Beziehung zu Ihrem Höheren Selbst einzubeziehen.

Das Channeln und Empfangen von Botschaften von Wesen des Lichts ist eine wunderbare Möglichkeit, Ihre Verbindung mit dem Kosmos zu erweitern und wertvolle spirituelle Führung zu erhalten. Erinnern Sie sich daran, diese Praxis mit Bescheidenheit, Liebe und Respekt anzugehen, während Sie die Absicht beibehalten, dem höchsten Gut zu dienen. In dem Maße, wie du deine Fähigkeit zu channeln verbesserst, verstärkt sich deine Verbindung mit den Wesen des Lichts und sorgt für einen kontinuierlichen Fluss von Weisheit und Erleuchtung.

20
Spirituelle Führung und persönliches Wachstum

Auf der spirituellen Reise ist die Suche nach Führung ein grundlegender Bestandteil des persönlichen Wachstums. Spirituelle Führung hilft, Klarheit, Sinn und Richtung im Leben zu finden und die Verbindung mit der Spiritualität und dem Göttlichen zu vertiefen.

Der erste Schritt bei der Suche nach spiritueller Führung ist entscheidend auf dem Weg der Selbstentdeckung und des persönlichen Wachstums. Es ist ein Moment, in dem man die Notwendigkeit erkennt, über sich selbst hinauszuschauen und Antworten und Orientierung jenseits dessen zu suchen, was unmittelbar sichtbar ist. Diese Erkenntnis tritt oft auf, wenn man sich verloren, verwirrt oder falsch ausgerichtet fühlt, was den Sinn und den Weg im Leben angeht.

Wenn Sie sich verloren oder desorientiert fühlen, ist es, als befänden Sie sich in einem Labyrinth und könnten den Weg nicht mehr allein finden. An diesem

Punkt ist es wichtig, die Demut zu haben, sich einzugestehen, dass man Hilfe braucht und dass man nicht immer alle Probleme allein lösen kann. Die Suche nach spiritueller Führung ist eine Demonstration der Offenheit, Einsichten und Weisheit von außen zu empfangen, sei es durch einen spirituellen Führer, einen Mentor, eine religiöse Praxis oder sogar durch die Verbindung mit der Natur und der Energie des Universums. Die Suche nach spiritueller Führung an sich bewirkt eine Veränderung des Geisteszustandes und öffnet die Seele für den Empfang subtiler helfender Energien.

Wenn Sie sich erlauben, spirituelle Führung zu suchen, machen Sie einen wichtigen Schritt hin zu einem tieferen Verständnis von sich selbst und Ihrem Lebenszweck. Spirituelle Führung hilft Ihnen, über die oberflächlichen Schichten der Existenz hinauszusehen; sie ist eine Verbindung mit der tiefsten Essenz Ihres Wesens.

In diesem Suchprozess stößt man häufig auf grundlegende Fragen darüber, wer man wirklich ist, welchen Sinn das eigene Dasein hat und wie man authentischer und im Einklang mit seinen Werten und Bestrebungen leben kann. Spirituelle Begleitung hilft dabei, Antworten zu finden und den Weg zu erhellen, den es zu gehen gilt.

Die Suche nach spiritueller Führung kann verschiedene Formen annehmen, je nach den individuellen Überzeugungen und Werten. Manche Menschen lassen sich durch religiöse Praktiken inspirieren, während andere es vorziehen, sich mit der Natur zu verbinden, zu meditieren oder in Büchern und spirituellen Lehren nach Wissen und Weisheit zu suchen. Unabhängig davon, für welchen Weg Sie sich entscheiden, bietet spirituelle Begleitung eine wertvolle Unterstützung auf Ihrer Reise der Selbstentdeckung und des Wachstums. Sie hilft Ihnen, eine tiefe Verbindung mit sich selbst, mit anderen Wesen und mit dem Universum als Ganzem zu entwickeln. In schwierigen Zeiten gibt Ihnen die spirituelle Begleitung die Kraft, Herausforderungen mit mehr Mut und Weisheit zu begegnen.

In der kosmischen Spiritualität gibt es verschiedene Quellen für spirituelle Führung. Sie können die Weisheit der Wesen des Lichts durch Channeling suchen, wie bereits erwähnt. Darüber hinaus gibt es noch andere Formen der Führung, die du erforschen kannst, wie z.B. spirituelle Mentoren, geistige Führer, heilige Bücher und meditative Praktiken. Auch Ihr Höheres Selbst kann eine mächtige Quelle des Wissens und der Führung sein.

Jede dieser Quellen der Führung bringt eine einzigartige und wertvolle Perspektive mit sich, die Ihr spirituelles Wachstum unterstützen kann. Es ist wichtig zu betonen, dass die Kosmische Spiritualität alle Formen des Glaubens respektiert, was auch immer sie sein mögen. Indem wir uns auf spirituelle Mentoren oder Führer beziehen, wollen wir erreichen, dass Sie diese Konzepte an Ihr eigenes Verständnis von Spiritualität anpassen können.

Lassen Sie uns in diesem Zusammenhang ein wenig tiefer in die Quellen spiritueller Führung eintauchen, die mit den Wesen des Lichts verbunden sind.

Intuition.

In der kosmischen Spiritualität nimmt die Intuition einen zentralen Platz ein, da sie ein mächtiges Werkzeug ist, um spirituelle Führung zu erhalten. Sie ermöglicht es Ihnen, über die Grenzen des rationalen Verstandes hinauszugehen und Zugang zu Informationen und Einsichten zu erhalten, die über das hinausgehen, was mit den physischen Sinnen wahrgenommen werden kann. Die Intuition ist eine Brücke, die Sie mit der göttlichen Weisheit verbindet und Sie zu Entscheidungen führt, die mit Ihrem spirituellen Weg übereinstimmen.

Die Entwicklung und Kultivierung der Intuition ist eine wertvolle Fähigkeit, die Sie verfeinern können. Es ist, als ob man ein Instrument stimmt, um die subtilen Schwingungen des Universums aufzunehmen und seine verborgene Melodie zu hören. Durch Übung können Sie Ihre Intuition so abstimmen, dass sie zu einem zuverlässigen Kompass auf Ihrer spirituellen Reise wird.

Im Gegensatz zum rationalen Verstand (der sich auf Daten und Informationen aus der Vergangenheit stützt) arbeitet die Intuition in der Gegenwart und verbindet sich mit der zugrundeliegenden Energie und Wahrheit in einer bestimmten Situation. Sie ist in der Lage, Nuancen und Details wahrzunehmen, die dem bewussten Verstand entgehen, und ermöglicht es Ihnen, bessere Entscheidungen zu treffen, die mit Ihrem tiefsten Selbst in Einklang stehen.

Das Vertrauen in Ihre Intuition ist wichtig, um eine klare und authentische Führung zu erhalten. Oft lassen Sie sich jedoch von Zweifeln und Unsicherheiten beeinflussen, die die Klarheit Ihrer Intuition verdunkeln. Das Praktizieren von Selbsterkenntnis und Meditation beruhigt den Geist und beseitigt die Störungen, die verhindern, dass Sie die innere Stimme hören.

In der kosmischen Spiritualität wird die Intuition als eine direkte Kommunikation mit der höheren Ebene betrachtet. Durch sie erhalten Sie Einsichten und Botschaften von geistigen Wesen, die Sie auf Ihrem Weg des persönlichen Wachstums begleiten und unterstützen. Es ist, als würden Sie einen kosmischen Radiosender empfangen, der Ihnen auf Ihrem Entwicklungsweg helfen soll.

Darüber hinaus ist die Intuition auch in der Lage, Sie vor gefährlichen Situationen zu warnen oder Sie auf Gelegenheiten hinzuweisen, die dem bewussten Verstand vielleicht entgehen. Sie ist eine innere Stimme, die Sie nicht ignorieren sollten, denn sie bietet oft eine tiefere und umfassendere Sicht auf die Umstände, mit denen Sie konfrontiert sind.

Es ist jedoch wichtig, daran zu denken, dass die Intuition nicht unfehlbar ist. Sie kann von Emotionen und persönlichen Wünschen beeinflusst werden, und es ist wichtig, sie mit Unterscheidungsvermögen und gesundem Menschenverstand zu kombinieren. Die Nutzung der Intuition in Verbindung mit dem rationalen Verstand ermöglicht eine ausgewogene und vollständige Herangehensweise an Ihre Entscheidungen und Wahlmöglichkeiten.

Verbindung und öffnende Praktiken.

Um spirituelle Führung effektiv zu empfangen, ist ein Zustand der Offenheit und Empfänglichkeit erforderlich. Um diese Offenheit zu kultivieren, können Sie bestimmte Praktiken in Ihr tägliches Leben einbauen, die Ihnen helfen, sich mit der Spiritualität zu verbinden und Raum zu schaffen, um Einsichten und Führung von der spirituellen Ebene zu empfangen. Zu diesen Praktiken gehören Meditation, Kontemplation, Gebet und heilige Rituale, von denen jede eine wichtige Rolle bei der Stärkung der spirituellen Verbindung spielt.

Meditation.

Meditation (wie auf den vorhergehenden Seiten erklärt) ist eine der kraftvollsten Praktiken, um innere

Verbindung und spirituelle Offenheit zu erreichen. Indem Sie den Verstand zum Schweigen bringen und sich dem gegenwärtigen Moment zuwenden, öffnen Sie den Raum für den Zugang zu tieferen Bewusstseinsebenen. Durch Meditation können Sie den mentalen Lärm zum Schweigen bringen, Spannungen und Sorgen loslassen und empfänglich sein für Einsichten und Botschaften aus dem Universum. Sie hilft Ihnen, sich auf Ihre Intuition einzustimmen und eine tiefere Verbindung mit Ihrer spirituellen Essenz herzustellen.

Neben der Meditation ist die Kontemplation eine weitere wertvolle Praxis zur spirituellen Öffnung. Wenn Sie sich die Zeit nehmen, über die wesentlichen Fragen des Lebens nachzudenken, können Sie sich mit tieferen Werten und Zielen verbinden. Durch Kontemplation können Sie Klarheit über Ihre Wünsche und Herausforderungen gewinnen und verstehen, wie diese mit Ihrem spirituellen Weg zusammenhängen. Diese Art der Selbstprüfung macht Sie empfänglicher für die Führung, die Ihnen den Weg weisen kann.

Das Gebet.

Das Gebet ist eine äußerst wichtige und sinnvolle spirituelle Praxis, da es eine der Möglichkeiten ist, eine direkte Kommunikation mit der spirituellen Ebene herzustellen. Indem du deine Gebete und Absichten an eine höhere Macht richtest, sei es eine Gottheit, ein spiritueller Führer oder das Universum selbst, öffnest du eine Verbindungslinie, die über die materielle Ebene hinausgeht und dich mit etwas Größerem als dir selbst verbindet.

Im Gebet können Sie Ihre Sehnsüchte, Ihre Dankbarkeit und Ihre tiefsten Bedürfnisse zum Ausdruck bringen. Es ist eine Möglichkeit, mit dem Göttlichen zu sprechen, Ihre Sorgen und Hoffnungen, Ihre Freuden und Sorgen zu teilen. Das Gebet ermöglicht es Ihnen, authentisch zu sein, denn es gibt kein Urteil und keine Beschränkungen für Gefühle und Worte. Es ist ein heiliger Raum, in dem Sie sich voll und ganz ausdrücken können, weil Sie wissen, dass Sie gehört und verstanden werden.

Das Gebet bietet auch eine Gelegenheit zum inneren Zuhören. Wenn Sie Ihr Herz und Ihren Geist durch das Gebet öffnen, schaffen Sie einen Raum, in dem Sie Antworten und Führung erhalten. Diese Antworten können auf unterschiedliche Weise kommen, sei es durch Zeichen, Synchronizitäten oder Einsichten, die von der geistigen Ebene geschickt werden.

Zeichen können sich auf subtile Weise manifestieren, z. B. durch unerwartete Ereignisse, die mit Ihren Gebeten in Verbindung zu stehen scheinen, oder auch in offensichtlicherer Form, z. B. durch eine Begegnung mit jemandem, der eine bedeutungsvolle Botschaft übermittelt. Synchronizitäten sind zufällige Ereignisse, die eine besondere Bedeutung zu haben scheinen, sie helfen Ihnen zu erkennen, dass Sie mit etwas Größerem als sich selbst verbunden sind. Einsichten hingegen sind tiefgründige Ideen oder Erkenntnisse, die Ihrer eigenen Intuition und inneren Weisheit entspringen und die sich oft nach Momenten des Gebets und der Reflexion besser erschließen.

Durch das Gebet können Sie auch ein Gefühl der Verbundenheit und des Sinns im Leben entwickeln. Indem Sie sich mit etwas Größerem und Höherem verbinden, finden Sie ein Gefühl der Zugehörigkeit zu einem größeren Ganzen, ein Gefühl, dass Sie Teil eines größeren und sinnvolleren Plans sind. Das gibt Ihnen Trost und Mut, besonders in schwierigen Zeiten.

Es ist wichtig, sich daran zu erinnern, dass das Gebet über Worte hinausgeht. Die Haltung eines offenen Herzens und eines empfänglichen Geistes während des Gebets ist grundlegend. Die Aufrichtigkeit und der Glaube, die in die Gebete einfließen, stärken die Verbindung mit der spirituellen Ebene und machen die Erfahrung des Gebets noch tiefer und bedeutungsvoller.

Heilige Rituale.

Die Tiefe und Bedeutung heiliger Rituale für die spirituelle Verbindung Heilige Rituale spielen eine herausragende Rolle bei der Suche nach spiritueller Verbindung und wurden im Laufe der Geschichte in verschiedenen Kulturen und Traditionen praktiziert. Obwohl sie je nach Glauben und Bräuchen sehr unterschiedlich sein können, haben sie alle gemeinsam, dass sie symbolischer Ausdruck der Verbindung mit dem Heiligen und Transzendenten sind.

In ihrem Wesen sind Rituale viel mehr als bloße Wiederholungen von Handlungen oder leere Zeremonien, sie sind Ausdruck von Hingabe und Ehrfurcht auf der Suche nach Verbindung mit höheren Kräften, göttlichen Wesenheiten oder dem Universum als Ganzem. Durch heilige Rituale transzendiert man die materielle Ebene und betritt eine tiefe, spirituelle Dimension der Existenz.

Eines der Hauptmerkmale heiliger Rituale ist ihre Fähigkeit, das Bewusstsein zu erhöhen. Sie schaffen einen besonderen, sakralisierten Raum, in dem Sie sich auf höhere Dimensionen Ihrer eigenen Spiritualität einstimmen können. Indem Sie sich auf jede Phase des Rituals einlassen, sei es durch Gesten, Worte oder Symbole, öffnen Sie Türen zu erweiterten Bewusstseinszuständen. Diese Momente ermöglichen es Ihnen, Ihre alltäglichen Sorgen zu überwinden, indem Sie sich mit etwas verbinden, das über das Vergängliche hinausgeht und den Kern dessen erreicht, was wirklich wesentlich ist.

Eine weitere wichtige Funktion heiliger Rituale besteht darin, eine günstige Atmosphäre für den Empfang spiritueller Führung zu schaffen. Durch sie stellen Sie einen Kommunikationskanal zum Göttlichen her und stimmen sich auf die kosmische Weisheit ein. Rituale sind wie eine Brücke zwischen der irdischen und der spirituellen Ebene, die es Ihnen ermöglicht, sich den Geheimnissen der Existenz zu nähern und gleichzeitig wertvolle Einsichten und Führung zu erhalten.

Heilige Rituale müssen nicht einzeln durchgeführt werden; viele werden in der Gemeinschaft praktiziert. Die Erfahrung, gemeinsam mit anderen Menschen an Ritualen teilzunehmen, schafft ein Gefühl der Zugehörigkeit und der Verbundenheit mit etwas, das größer ist als man selbst. Diese gemeinschaftliche Verbindung stärkt die spirituelle Erfahrung und erinnert uns daran, dass jeder Mensch auf seiner spirituellen Reise miteinander verbunden ist.

Es ist wichtig, die Ritualpraxis an die Form anzupassen, die am meisten mit einem selbst in Resonanz steht. Manche Menschen bevorzugen die Stille und finden die Gelassenheit, mit der sie sich am meisten mit Spiritualität identifizieren. Andere wiederum profitieren von der Energie, die bei gemeinsamen Ritualen geteilt wird, und fühlen sich durch die Kraft der Gemeinschaft gestärkt. Cosmic Spirituality schätzt die Vielfalt der Ansätze und die Wichtigkeit, den spirituellen Weg zu finden, der am besten mit den individuellen Vorlieben und Bedürfnissen übereinstimmt.

Heilige Rituale umfassen eine große Vielfalt von Praktiken, von Übergangsriten und jahreszeitlichen Feiern bis hin zu Heilungs- und Reinigungszeremonien. Die Wahl der Rituale hängt von den individuellen

Überzeugungen und Traditionen ab, und jeder kann in seinen eigenen rituellen Praktiken Sinn und Zweck finden.

Spirituelle Praktiken:

Die Schaffung einer Routine spiritueller Praktiken ist ein wirksames Mittel, um die innere Verbindung zu fördern, indem man sich auf die tiefste Essenz des Seins einstellt. Wenn Sie diesen Praktiken Zeit und Energie widmen, öffnen Sie den Raum, um Führung und Inspiration auf Ihrem spirituellen Weg zu erhalten.

Eine der spirituellen Praktiken, die Ihre Routine bereichern kann, ist das Führen eines spirituellen Tagebuchs. Indem Sie Ihre Gedanken, Überlegungen und Erfahrungen in einem Tagebuch niederschreiben, können Sie Emotionen verarbeiten und Erkenntnisse erforschen. Indem Sie Ihre Intuitionen aufzeichnen und Muster in Ihrem Leben beobachten, gewinnen Sie Klarheit über Ihr persönliches und spirituelles Wachstum.

Eine weitere Übung besteht darin, inspirierende spirituelle Texte zu lesen. Bücher, Artikel oder Gedichte, die tiefe und bedeutungsvolle Themen behandeln, regen zum Nachdenken über das Leben, den Sinn und die Existenz an. Diese Lektüre erweitert Ihr Verständnis und verbindet Sie mit Ideen und Konzepten, die mit Ihrem inneren Wesen in Einklang stehen.

Auch die Verbindung mit der Natur ist eine wertvolle spirituelle Praxis. Wenn Sie Zeit im Freien verbringen, sei es in einem Park, im Wald oder am Strand, kommen Sie wieder in Kontakt mit der Schönheit und Harmonie der Natur. Diese Verbindung hilft Ihnen, sich als Teil von etwas Größerem zu fühlen, und erinnert Sie an die Verbundenheit aller Dinge miteinander.

Eine weitere spirituelle Praxis, die Sie in Ihre Routine einbauen können, ist das Verrichten von guten Taten. Indem Sie jemandem in Not eine helfende Hand reichen, kultivieren Sie Liebe und Mitgefühl in Ihrem Herzen. Diese altruistischen Handlungen verbinden Sie mit dem Geist der Großzügigkeit und tragen dazu bei, eine geeintere und harmonischere Gemeinschaft zu schaffen. Eine ausgezeichnete Möglichkeit, diese Freundlichkeit anonym zu praktizieren, ist die Blutspende.

Blutspenden gelten aus mehreren Gründen als ein Akt der Freundlichkeit und Großzügigkeit. Indem Sie Blut spenden, tragen Sie direkt dazu bei, Leben zu retten. Gespendetes Blut wird in verschiedenen Situationen verwendet, z. B. für Transfusionen bei chirurgischen Eingriffen, medizinischen Behandlungen, schweren Unfällen und für Menschen, die an Krankheiten leiden, die regelmäßige Transfusionen erfordern. Blutspenden ist eine altruistische Geste, denn man spendet, ohne eine Gegenleistung zu erwarten. Es ist eine Möglichkeit, Menschen zu helfen, die man gar nicht kennt, und zeigt Empathie und Mitgefühl für den Nächsten.

Dankbarkeit ist auch eine einfache und kraftvolle spirituelle Praxis. Wenn Sie sich jeden Tag einen Moment Zeit nehmen, um sich für die Segnungen in Ihrem Leben zu bedanken, lenken Sie Ihren Blick auf das, was positiv und reichlich vorhanden ist. Diese Praxis führt zu einem Gefühl der Zufriedenheit und verbindet Sie mit der Quelle der Freude in Ihnen.

Indem Sie eine Routine einführen, die diese spirituellen Praktiken einschließt, nähren Sie Ihr inneres Wesen und schaffen einen günstigen Raum, um Führung und spirituelles Wachstum zu empfangen. Diese Praktiken erinnern Sie an Ihre Verbindung mit dem Heiligen und führen Sie zur Selbstentdeckung und zur Erweiterung Ihres spirituellen Bewusstseins.

Kurz gesagt, die Praktiken der Verbundenheit und Offenheit sind grundlegend, um spirituelle Führung effektiv zu empfangen. Durch Meditation, Kontemplation, Gebet und heilige Rituale und andere oben beschriebene Praktiken verbinden Sie sich mit Ihrer Spiritualität, bringen den Geist zur Ruhe und schaffen Raum, um Einsichten und Führung von der spirituellen Ebene zu empfangen. Diese Praktiken stärken die Intuition und stellen eine tiefe Verbindung mit der spirituellen Essenz her, wodurch ein günstiges Umfeld geschaffen wird, um die Führung zu erhalten, die Sie suchen.

Wenn Sie spirituelle Führung erhalten, ist es wichtig, Unterscheidungsvermögen und Authentizität zu üben. Nicht jede Führung ist angemessen, und es ist wichtig zu beurteilen, ob sie wirklich mit Ihrer Essenz und Ihren Werten übereinstimmt. Sie sollten Ihrer Intuition und der Weisheit Ihres Herzens vertrauen, wenn Sie die Botschaften bewerten, die Sie erhalten, und immer nach der Führung suchen, die zum größten persönlichen und spirituellen Wachstum führt.

Denken Sie daran, dass es bei wahrer spiritueller Führung nicht nur darum geht, Einsichten und Führung zu erhalten, sondern auch darum, sie in Ihrem täglichen Leben anzuwenden. Nur durch die Praxis erfahren Sie Wachstum und Transformation. Wenn Sie spirituelle Führung erhalten, ist es wichtig zu überlegen, wie Sie diese Einsichten in Ihre Handlungen, Beziehungen und Entscheidungen einbeziehen können. Spirituelle Führung lädt Sie dazu ein, nach den Werten und Prinzipien der Kosmischen Spiritualität zu leben und der Welt Frieden, Liebe und Weisheit zu bringen.

Indem Sie spirituelle Führung suchen und an Ihrem persönlichen Wachstum arbeiten, schaffen Sie Raum für die Erweiterung Ihres Bewusstseins und die Entfaltung Ihres höchsten Potenzials. Führung führt Sie zu Ihrer wahren Essenz und unterstützt Sie auf Ihrer spirituellen Reise. Denken Sie daran, dass spirituelle Führung ein fortlaufender Prozess ist und dass Sie sich ständig weiterentwickeln und Ihrer Verbindung mit dem Göttlichen näher kommen, wenn Sie sich dafür öffnen, diese Führung in Ihrem Leben zu empfangen und anzuwenden. In ähnlicher Weise kann die Praxis der Spiritualität mit der täglichen Nahrung verglichen werden, die einem Kind gegeben wird und die es jeden Tag direkt vor Ihren Augen wachsen lässt, auch wenn Sie es nicht bemerken. Wie ein Kind, das täglich wächst, entwickelt sich auch Ihre spirituelle Verbindung allmählich, auch wenn dieser Fortschritt nicht immer sofort erkennbar ist.

21
Ko-Kreation mit dem Höheren Selbst

Die kosmische Spiritualität erkennt Sie als ein multidimensionales Wesen an, das eine direkte Verbindung mit dem Höheren Selbst, Ihrer göttlichen und ewigen Essenz, hat. Das Miterschaffen mit dem Höheren Selbst ist eine kraftvolle Praxis, die es Ihnen ermöglicht, Ihre wahre Essenz zu manifestieren.

Wie bereits erklärt, ist das Höhere Selbst der höchste und weiseste Teil deines Wesens, es ist die direkte Verbindung zum Göttlichen und verfügt über ein breites und tiefes Verständnis deiner spirituellen Reise. Das Höhere Selbst zu erkennen bedeutet, zu erkennen, dass Sie mehr sind als nur ein physisches Wesen, es bedeutet, zu erkennen, dass eine göttliche und zugängliche Weisheit in Ihnen steckt. Es ist eine Einladung, mit diesem höheren Teil von Ihnen in Kontakt zu treten und eine bewusste Verbindung mit ihm herzustellen.

Die gemeinsame Schöpfung mit dem Höheren Selbst ist ein gemeinschaftlicher Prozess zwischen Ihrer irdischen Persönlichkeit und Ihrer göttlichen Essenz. Es bedeutet zu erkennen, dass Sie die Macht haben, Ihre Realität zu manifestieren, und dass Sie dies in Übereinstimmung mit dem Willen und der Weisheit Ihres Höheren Selbst tun können. Co-Kreation bedeutet, dass ihr euch eurer Gedanken, Emotionen und Handlungen bewusst werdet und immer versucht, sie mit der höheren Vision und den Zielen eurer göttlichen Essenz in Einklang zu bringen.

Um mit dem Höheren Selbst zu ko-kreieren, ist es wichtig, ein tiefes Gefühl der Übereinstimmung und des Vertrauens zu kultivieren. Das bedeutet, mit hohen Werten und Zielen in Einklang zu sein und in Übereinstimmung mit ihnen zu handeln. Wenn Sie sich mit Ihrem Höheren Selbst in Einklang bringen, sind Sie offen für göttliche Führung und Inspiration. Vertrauen ermöglicht es Ihnen, dieser Führung zu folgen, auch wenn Sie nicht immer ganz verstehen, warum. Es ist der Glaube daran, dass Sie zum bestmöglichen Ergebnis geführt werden.

Es gibt verschiedene Praktiken, die die Verbindung und die gemeinsame Schöpfung mit dem Höheren Selbst stärken. So wie das Gebet uns lehrt, Frieden, Harmonie und Unterscheidungsvermögen durch die Kommunikation mit einem höheren Wesen zu suchen, lädt die Kosmische Spiritualität Sie ein, sich mit Ihrer göttlichen Essenz zu verbinden und

Selbstbestätigungstechniken anzuwenden, die mit dem Gesetz der Anziehung in Einklang stehen.

Meditation (wie in den vorhergehenden Kapiteln erklärt) ist ein mächtiges Werkzeug, um den Verstand zum Schweigen zu bringen und ihn auf die Stimme Ihrer göttlichen Essenz einzustimmen. Während der Meditation können Sie Ihre Absichten und Wünsche an das Universum richten und durch kreative Visualisierung Ihre Träume und Wünsche manifestieren.

Eine weitere Möglichkeit, Ihre Verbindung mit dem Höheren Selbst zu stärken, ist der bewusste Dialog. Sie können Fragen stellen und über Ihre Absichten nachdenken, um Einsichten und Führung zu erhalten, die von Ihrer göttlichen Essenz kommen. Diese Praxis ermöglicht es Ihnen, eine tiefe Kommunikation mit dem Universum herzustellen, um Antworten und Zeichen zu erhalten, die Sie auf Ihrem Weg leiten werden.

Die Praxis der Dankbarkeit spielt in der Kosmischen Spiritualität ebenfalls eine grundlegende Rolle. Dankbarkeit für das auszudrücken, was du hast und was du in dein Leben ziehen möchtest, ist ein kraftvoller Weg, deine Energie mit den Kräften des Universums in Einklang zu bringen. Indem du die Segnungen in deinem Leben erkennst und wertschätzt, schaffst du einen Zustand der Fülle und der Offenheit, noch mehr zu empfangen.

Die Verwendung positiver Affirmationen ist ebenfalls eine wertvolle Technik zur Kultivierung der Co-Creation-Mentalität. Indem Sie Ihre Absichten und Wünsche positiv bekräftigen, programmieren Sie Ihr Unterbewusstsein um und senden gleichzeitig eine klare Botschaft an das Universum, was Sie in Ihrer Realität manifestieren möchten.

Indem Sie diese Praktiken in Ihre spirituelle Reise einbeziehen, bringen Sie die Konzepte des Gebets und des Gesetzes der Anziehung mit den Lehren der kosmischen Spiritualität in Einklang. Indem Sie sich mit Ihrem Höheren Selbst verbinden, Dankbarkeit ausdrücken, kreative Visualisierungen und positive Affirmationen verwenden, erschaffen Sie bewusst Ihre Realität mit und schaffen Raum für die Manifestation Ihrer höchsten Ziele und Wünsche.

Bei der gemeinsamen Schöpfung mit dem Höheren Selbst ist es wichtig, sich darin zu üben, loszulassen und offen für die Chancen und Möglichkeiten zu sein, die sich auf dem Weg ergeben. Dazu gehört, dass Sie starre Erwartungen loslassen und darauf vertrauen, dass das Universum Ihr Wachstum unterstützt. Manchmal mag sich das, worum Sie bitten, anders manifestieren, als Sie es sich vorstellen, aber vertrauen Sie darauf, dass das Ergebnis ideal für Ihr Wachstum ist, und lassen Sie die Magie der Ko-Kreation fließen.

Obwohl das Miterschaffen mit dem Höheren Selbst ein gemeinschaftlicher Prozess ist, ist es auch wichtig, sich daran zu erinnern, dass Sie für die Manifestation Ihrer Realität mitverantwortlich sind. Wenn Sie die Verantwortung für Ihre Entscheidungen, Gedanken und Emotionen übernehmen, können Sie bei der Ko-Kreation bewusst und absichtlich handeln. Darüber hinaus stärkt die Wahrung der persönlichen Integrität, das Handeln im Einklang mit Werten und Prinzipien, die Verbindung mit dem Höheren Selbst und unterstützt die Manifestation Ihrer Wünsche.

Die gemeinsame Schöpfung mit dem Höheren Selbst ist eine Einladung, ein authentisches, sinnvolles und zielgerichtetes Leben zu führen. Wenn du dich mit deiner göttlichen Essenz verbindest und die Prinzipien der Ko-Kreation auf deine Reise anwendest, erfährst du eine größere Übereinstimmung mit deiner wahren Essenz und manifestierst die Realität, die deine höchste Vision widerspiegelt. Möge diese Praxis dich auf deinem Weg zu deinem unbegrenzten Potenzial und dem vollen Ausdruck deiner kosmischen Essenz begleiten.

22
Energetische Prinzipien

In der kosmischen Spiritualität ist es notwendig zu erkennen, dass alles Energie ist und dass Sie ständig mit dem riesigen Energiefeld um Sie herum in Wechselwirkung stehen. In diesem Zusammenhang ist es wichtig, die energetischen Prinzipien zu erforschen, die die Existenz bestimmen, und bewusst zu entscheiden, wie man mit diesen Energien arbeitet, um Heilung, Gleichgewicht und spirituelles Wachstum zu fördern.

Das erste grundlegende energetische Prinzip ist das Erkennen der Einheit und Verbundenheit aller Dinge. Aus kosmischer Sicht wird davon ausgegangen, dass alle Wesen und Objekte Teil eines riesigen Netzes miteinander verbundener Energien sind. Das bedeutet, dass Ihre Handlungen und Absichten das Potenzial haben, nicht nur Sie selbst, sondern auch die Welt um Sie herum zu beeinflussen. Indem Sie diese Verbundenheit ehren, werden Sie zu einem bewussten Akteur des positiven Wandels, der Harmonie und

Ausgeglichenheit in Ihrem Leben und im Leben des Planeten fördert.

Ein weiteres wichtiges Prinzip der Kosmischen Spiritualität ist das Verständnis, dass alles im Universum eine einzigartige Schwingung hat. Jeder Gedanke, jedes Gefühl und jedes physische Objekt strahlt eine bestimmte Energiefrequenz aus. Wenn Sie Ihre Schwingung auf einen Zustand größerer Liebe, Dankbarkeit und Mitgefühl abstimmen, ziehen Sie positive Erfahrungen in Ihrem Leben an und manifestieren sie. Das liegt daran, dass Sie in Resonanz mit Energien größerer Harmonie und Fülle stehen. Wenn Sie sich dieses Prinzips bewusst sind, können Sie absichtlich eine hohe Schwingung kultivieren und zur Schaffung eines gesünderen energetischen Umfelds beitragen.

Kosmische Spiritualität ist ein Ansatz, der sich auf den Glauben und die Lehren einer besonderen Zivilisation stützt: die Arkturianer. Die Arkturianer sind hochentwickelte Wesen, die den Stern Arkturus bewohnen. Sie sind bewusste Energieformen, die in einer höheren Dimension leben, die als fünfte Dimension bekannt ist.

Was die Arkturianer so besonders macht, ist, dass sie eine hohe Stufe der spirituellen Evolution erreicht haben, die ihnen den Zugang zur „Quelle aller Dinge" ermöglicht - einer mächtigen, universellen Kraft, die manche Religionen als Gott bezeichnen. Sie gelten als

Hüter der kosmischen Weisheit und sind mit einer tiefen Verbindung zur universellen Energie ausgestattet, die das Universum durchdringt.

Um sich ein geistiges Bild von den Arkturianern zu machen, stellen Sie sich diese als ätherische Wesen vor, die voller Licht und Verständnis sind und die Grenzen von Raum und Zeit überschreiten. Ihr erhöhtes Bewusstsein erlaubt es ihnen, die tiefsten Wahrheiten des Kosmos zu verstehen.

In der kosmischen Spiritualität werden die Arkturianer als spirituelle Führer und Mentoren angesehen, die anderen Lebensformen auf ihrer Reise des Wachstums und der Bewusstseinserweiterung helfen.

Obwohl ihre Existenz jenseits unseres physischen Verständnisses liegt, gelten die Arkturianer als Quelle der Inspiration und Weisheit, die uns ermutigt, auf unserem eigenen Weg die spirituelle Evolution und die Verbindung mit dem Göttlichen zu suchen. Dies ist die Essenz der kosmischen Spiritualität und ihrer Vision von den Wesen, die den Stern Arcturus bewohnen.

Aus dieser Sicht ist das Verständnis der Polarität wesentlich für die spirituelle Entwicklung und das Fortschreiten des Bewusstseins. Nach der kosmischen Sichtweise sind alle Dinge im Universum miteinander verbunden und voneinander abhängig, und die Polarität ist ein grundlegender Teil dieser Verbindung.

Polarität ist die Manifestation von gegensätzlichen Dualitäten, die in allen Dingen koexistieren. Ein klassisches Beispiel ist das Konzept von Yin und Yang in der chinesischen Philosophie, das die komplementäre Dualität gegensätzlicher Kräfte wie Licht und Dunkelheit, Positiv und Negativ, Expansion und Kontraktion darstellt. Diese Polaritäten sind nicht nur gegensätzlich, sondern auch komplementär und gleichen sich gegenseitig aus. In der kosmischen Spiritualität wird diese Idee weiter gefasst und umfasst alle Bereiche der Existenz.

Um einen Zustand größerer Vollkommenheit und größeren Wachstums zu erreichen, ermutigt die Kosmische Spiritualität zur Integration und zum Ausgleich dieser Polaritäten. Das bedeutet, sowohl das Licht als auch die Dunkelheit in sich zu akzeptieren und zu erkennen, dass beide wesentliche Teile des Ganzen sind. Es bedeutet, die Bedeutung des Gleichgewichts zwischen dem Männlichen und dem Weiblichen zu erkennen, unabhängig vom Geschlecht, denn beide Aspekte sind in jedem Menschen vorhanden.

Darüber hinaus lehrt die Kosmische Spiritualität, dass die Suche nach dem Gleichgewicht nicht nur innerlich ist, sondern auch die Beziehungen zur Außenwelt betrifft. Es geht darum, zu verstehen, dass jede Erfahrung, die man macht - sowohl angenehme als auch herausfordernde - einen Zweck hat und Möglichkeiten zum Lernen und Wachstum bietet.

Wenn Sie daran arbeiten, diese Polaritäten durch das Prisma der kosmischen Spiritualität zu integrieren, erreichen Sie einen Zustand größerer Harmonie, inneren Friedens und erweiterten Bewusstseins. Dieser spirituelle Weg beinhaltet eine kontinuierliche Reise der Selbstentdeckung, der Selbstakzeptanz und des Lernens in dem Bestreben, mit dem natürlichen Fluss des Universums in Einklang zu sein.

Obwohl die kosmische Spiritualität nicht in allen spirituellen Gemeinschaften bekannt oder akzeptiert ist, sind für diejenigen, die sich mit dieser Perspektive identifizieren, das Verständnis der Polarität und das Streben nach Gleichgewicht wertvolle Werkzeuge, um die spirituelle Reise zu verbessern und sich mit dem Universum als Ganzes zu verbinden.

Das Prinzip der Absicht und der Fokussierung in der Kosmischen Spiritualität ist ein kraftvoller Schlüssel zur Freisetzung des schöpferischen Potenzials, das in uns schlummert. Dieser Ansatz unterstreicht, wie wichtig es ist, proaktiv in die Richtung Ihrer Wünsche und Bestrebungen zu gehen und Ihre Energie bewusst zu kanalisieren, um die Realität zu schaffen, nach der Sie sich sehnen.

Im Grunde genommen ist die Absicht der Kompass, der den Weg weist und die spirituelle Reise gestaltet. Wenn Sie sich darüber im Klaren sind, was Sie in Ihrem Leben manifestieren wollen, sind Sie auf die Essenz Ihrer Ziele und Träume eingestimmt. Indem Sie

Ihre Absichten auf positive und sinnvolle Weise definieren, stellen Sie eine tiefe Verbindung zu Ihrer inneren Bestimmung her und geben allem, was Sie tun, eine höhere Bedeutung.

Die Absicht allein reicht jedoch nicht aus; ebenso wichtig ist die Konzentration. Durch Fokussierung konzentrieren Sie Ihre Energien und Bemühungen in die Richtung, die Sie anstreben. In einer Welt voller Ablenkungen und äußerer Reize ist die Kraft, sich zu konzentrieren, wirklich transformativ. Wenn Sie sich von zerstreuten Gedanken oder oberflächlichen Ablenkungen mitreißen lassen, verpufft Ihre Energie, und die Verwirklichung Ihrer Wünsche wird schwieriger.

Kosmische Spiritualität leitet Sie an, die Fähigkeit zu kultivieren, unabhängig von den äußeren Umständen zentriert und auf Ihre Ziele ausgerichtet zu bleiben. Indem Sie Klarheit und Festigkeit in Ihren Absichten bewahren, stärken Sie Ihre Verbindung mit dem universellen Energiefluss, so dass sich Ihre Schöpfungen mit größerer Flüssigkeit entwickeln können.

Die Einstimmung auf den universellen Fluss ist ein grundlegender Aspekt des kosmischen Ansatzes. Wenn Sie Ihre Energie mit der höheren Schwingung des Universums in Einklang bringen, entsteht eine kraftvolle Synergie, die Ihre Absichten verstärkt und einen klaren Kanal für die Manifestation Ihrer tiefsten Wünsche schafft.

Es ist jedoch wichtig, sich daran zu erinnern, dass Absicht und Fokus mit Vertrauen und Hingabe an den kreativen Prozess kombiniert werden müssen. Manchmal kann sich die Realität anders manifestieren als erwartet, aber der Glaube an die Kraft der Absicht und die Offenheit für neue Möglichkeiten ermöglichen es Ihnen, den universellen Fluss zu erkennen und die Chancen, die sich Ihnen bieten, zu ergreifen.

Die Essenz der Energieheilung und -transmutation in der Kosmischen Spiritualität ist eine Einladung, tief in die eigene Essenz einzutauchen und Energien zu erforschen und freizusetzen, die Ihr Gleichgewicht und Wohlbefinden beeinträchtigen. Ihre innere Reise beginnt mit der Erkenntnis, dass Ihre vergangenen Emotionen, Gedanken und Erfahrungen energetische Abdrücke in Ihnen hinterlassen.

Aus dieser Perspektive ist Transmutation der Prozess der Umwandlung und Anhebung dieser dichten Energien in höhere, positivere Frequenzen, die Heilung und Gleichgewicht auf allen Ebenen ermöglichen. Es ist die Fähigkeit, Blockaden und negative Muster loszulassen und sie durch höhere Energien zu ersetzen, die positive Schwingungen anheben.

Energieheilpraktiken, die von den Wesen des Lichts sehr geschätzt werden, sind wertvolle Werkzeuge im Prozess der Befreiung und Umwandlung. Betrachten wir einige von ihnen aus der Perspektive der Transmutation.

Meditation zum Beispiel ist ein Portal zur inneren Stille, wo ihr euch mit eurer tiefsten Essenz verbindet. Indem Sie sich erlauben, in die stillen Wasser Ihres Geistes zu versinken, identifizieren Sie energetische Blockaden, die Sie in der Vergangenheit zurückgehalten haben oder die Ihren gegenwärtigen Frieden stören, und lassen sie los.

Visualisierung ist eine weitere transformative Übung, die es Ihnen ermöglicht, geistige Bilder von Heilung und Erneuerung zu schaffen. Indem Sie Ihren Geist in ein positives Szenario projizieren und sich selbst als voll und ausgeglichen vorstellen, beschleunigen Sie den Heilungs- und Transmutationsprozess. Visualisierung ist ein mächtiger Verbündeter, um negative Energiemuster aufzulösen und sie durch erhöhte, positive Energien zu ersetzen.

Energetische Heilung und Transmutation sind nicht nur auf die individuelle Dimension beschränkt; sie haben auch die Macht, sich auf Ihre Verbindung mit der Welt um Sie herum auszuwirken. Wenn Sie innerlich heilen, tragen Sie auch zur kollektiven Heilung bei. Ihre transformierten Energien strahlen über Sie hinaus und berühren das Leben der Menschen um Sie herum, indem sie dazu beitragen, eine höhere Schwingung in Ihrer Umgebung zu erzeugen.

Der Prozess der Energieheilung und -umwandlung ist ein kontinuierlicher Prozess, der Hingabe und Selbstmitgefühl erfordert. Wenn Sie tiefer in Ihre Heilungsreise eintauchen, werden Sie auf tiefe Schichten von Emotionen und Glaubenssätzen stoßen, die Aufmerksamkeit und Loslassen erfordern. In diesem Prozess ist es wichtig, sanft mit sich selbst umzugehen und sich zu erlauben, alles zu fühlen und loszulassen, was notwendig ist, um tiefe und dauerhafte Heilung zu fördern.

Indem Sie das Prinzip der Energieheilung und -transmutation in der Kosmischen Spiritualität annehmen, sind Sie eingeladen, ein Hüter Ihrer eigenen Energie zu werden und sorgfältig daran zu arbeiten, einen Zustand des Gleichgewichts und der Harmonie in allen Aspekten Ihres Seins zu schaffen. Wenn du dich für die Heilung öffnest, bringst du dich mit deiner wahren Essenz in Einklang und wirst zum Mitschöpfer einer helleren, liebevolleren Realität, sowohl für dich selbst als auch für die Welt um dich herum.

Eine weitere Technik ist Fließen und Akzeptanz.

Das Prinzip des Fließens und Annehmens lehrt uns, mit den Energien des Universums zu fließen, anstatt ihnen zu widerstehen. Es ist wichtig zu erkennen, dass das Leben eine Reise des ständigen Wandels ist und dass man nicht alles unter Kontrolle hat. Indem Sie eine Haltung der Akzeptanz und Offenheit kultivieren, erlauben Sie der Energie, frei in Ihrem Leben zu fließen, was Wachstum, Transformation und die Manifestation Ihres höchsten Potenzials erleichtert.

Indem du diese energetischen Prinzipien verstehst und auf deine spirituelle Reise anwendest, erweiterst du dein Bewusstsein, vertiefst deine Verbindung mit dem Höheren Selbst und erschaffst eine Realität, die mit der kosmischen Essenz in Einklang steht. Energie ist ein mächtiges Werkzeug, das dir zur Verfügung steht. Wenn du es weise einsetzt, entschlüsselst du die Geheimnisse des Universums und erweckst dein unbegrenztes Potenzial.

23
Übungen zur Energieausrichtung

Sie werden nun einige Übungen zur Energieausrichtung kennenlernen, die in der Kosmischen Spiritualität praktiziert werden. Diese Übungen zielen darauf ab, das Gleichgewicht, die Harmonie und die Erweiterung des Bewusstseins zu fördern. Sie ermöglichen es Ihnen, sich auf die universelle Energie einzustimmen und sich tief mit Ihrem Höheren Selbst zu verbinden. Hier sind einige Übungen, die Sie in Ihre tägliche Routine einbauen können, um Ihr Energiefeld zu stärken und auszugleichen.

Bevor Sie sich auf Übungen zur Energieausrichtung einlassen, ist es wichtig, die Chakren kennen zu lernen. Die Chakren sind Energiezentren, die sich entlang der Wirbelsäule befinden und jeweils verschiedenen Aspekten des physischen, emotionalen, mentalen und spirituellen Lebens entsprechen. Erforschen Sie kurz jedes Chakra, seine Lage und seine Farbe.

Wurzelchakra (Muladhara)

Dieses Chakra befindet sich an der Basis der Wirbelsäule in der Steißbeinregion und wird mit Überleben, Sicherheit und Verbundenheit mit der Erde in Verbindung gebracht. Seine Farbe ist rot.

Sakralchakra (Swadhisthana)

Dieses Chakra befindet sich unterhalb des Nabels und steht im Zusammenhang mit Kreativität, Vergnügen und emotionalem Ausdruck. Seine Farbe ist orange.

Solarplexus-Chakra (Manipura)

Dieses Chakra befindet sich in der Magengegend und steht im Zusammenhang mit persönlicher Kraft, Selbstachtung und Selbstvertrauen. Seine Farbe ist gelb.

Herz-Chakra (Anahata)

Dieses Chakra befindet sich in der Mitte der Brust und wird mit Liebe, Mitgefühl und emotionaler Verbundenheit in Verbindung gebracht. Seine Farbe ist grün.

Kehlkopf-Chakra (Vishuddha)

Dieses Chakra befindet sich in der Kehle und hat mit Kommunikation, Ausdruck und Wahrheit zu tun. Seine Farbe ist himmelblau.

Drittes Augen-Chakra (Ajna)

Dieses Chakra befindet sich zwischen den Augenbrauen und wird mit Intuition, Weisheit und geistiger Klarheit in Verbindung gebracht. Seine Farbe ist Indigo (Marineblau).

Kronenchakra (Sahasrara)

Dieses Chakra befindet sich oben auf dem Kopf und wird mit der Verbindung zum Göttlichen, der Spiritualität und der Erweiterung des Bewusstseins in Verbindung gebracht. Seine Farbe ist violett oder weiß.

Energiezentrum-Meditation.

Die Energiezentrumsmeditation ist eine kraftvolle Übung, um sich mit diesen Zentren zu verbinden. Setzen Sie sich zunächst bequem an einen ruhigen Ort.

Schließen Sie die Augen und konzentrieren Sie sich auf Ihre Atmung. Stellen Sie sich dann ein weißes oder goldenes Licht vor, das von Ihrem Kopf ausgeht und durch Ihren Körper wandert, wobei es sanft jedes Chakra durchdringt, vom Kronenchakra bis zum Wurzelchakra.

Spüren Sie, wie das Licht jedes Energiezentrum belebt und ausgleicht, während es durch es hindurchgeht. Bleiben Sie einige Minuten in dieser Visualisierung und erlauben Sie sich, die Harmonie und Integration in Ihrem ganzen Wesen zu spüren.

Energiereinigung mit der Violetten Flamme.

Die violette Flamme ist ein Werkzeug zur Transmutation und energetischen Reinigung, das in der kosmischen Spiritualität weit verbreitet ist. Diese Praxis zielt darauf ab, negative Energien freizusetzen und sie in Licht und Liebe umzuwandeln.

Setzen Sie sich an einen ruhigen Ort und stellen Sie sich vor, dass Sie von einer hellen violetten Flamme umgeben sind.

Erlaube dieser Flamme, dein Energiefeld zu durchdringen und alle Blockaden, einschränkenden Gedanken oder dichten Emotionen aufzulösen. Stellen Sie sich vor, wie die violette Flamme diese Energien in Licht umwandelt und sie ins Universum entlässt. Fühle dich zunehmend leichter, gereinigt und ausgerichtet auf die kosmische Energie der Liebe und Heilung.

Bewusstes Atmen.

Bewusstes Atmen ist eine weitere einfache und kraftvolle Übung, die dir hilft, dich auf den gegenwärtigen Moment und deine eigene Energie einzustimmen. Suchen Sie sich einen ruhigen Ort, an dem Sie bequem sitzen können.

Schließen Sie die Augen und beginnen Sie, auf Ihre Atmung zu achten.

Atmen Sie tief durch die Nase ein und füllen Sie Ihren Bauch und Brustkorb mit Luft. Atmen Sie dann langsam durch den Mund aus und lassen Sie dabei alle Spannungen und Sorgen los. Während Sie bewusst weiteratmen, lassen Sie zu, dass Ihre Atmung ruhig, fließend und rhythmisch wird.

Spüren Sie, wie die Lebensenergie im Gleichklang mit Ihrer Atmung fließt und Ihr Wesen nährt und ausgleicht. Stellen Sie sich vor, wie Sie reinigenden Rauch einatmen, während der dichtere Rauch ausgeatmet wird, und spüren Sie, dass jedes Ausatmen ein Reinigungsprozess ist. Während der reine Rauch, der die guten Energien repräsentiert, durch die Einatmung eindringt und sich in deinem Wesen festsetzt, verlässt der dichte Rauch deinen Körper und geht hinaus in das weite Universum.

Kreative Visualisierung.

Kreative Visualisierung ist eine kraftvolle Übung, um Energie bewusst zu lenken und Wünsche und Absichten zu manifestieren.

Wählen Sie ein Ziel oder eine Absicht, die Sie manifestieren möchten, und erschaffen Sie ein lebendiges Bild in Ihrem Geist.

Stellen Sie sich vor, dass Sie diese Realität bereits leben, und spüren Sie die damit verbundenen positiven Gefühle. Während du visualisierst, erlaube deiner

Energie, sich mit der gewünschten Realität auszurichten und sich auszudehnen, um sie vollständig zu verkörpern.

Fühle dich mit der kosmischen Energie der Weisheit, der Liebe und der Manifestation verbunden, während du diese Übung durchführst. Vertraue auf deine Fähigkeit, die Realität mit zu erschaffen und erlaube der universellen Energie, in Harmonie mit dir zu arbeiten.

Kosmisches Energiebad.

Ein kosmisches Energiebad ist eine einfache und entspannende Übung, die es Ihnen ermöglicht, die heilenden und harmonischen Energien der Wesen des Lichts aufzunehmen und zu integrieren.

Füllen Sie eine Badewanne mit warmem Wasser und fügen Sie ein paar Tropfen ätherisches Lavendel- oder Eukalyptusöl hinzu, um die Entspannung zu fördern.

Wenn Sie in die Wanne steigen, stellen Sie sich vor, dass Sie in ein weißes oder goldenes Licht getaucht sind, das Ihr ganzes Wesen durchdringt.

Spüren Sie, wie die kosmische Energie tief in Ihr Energiefeld eindringt und Sie reinigt, heilt und stärkt. Erlauben Sie sich, sich zu entspannen und diese Energie so lange aufzunehmen, wie Sie möchten, und fühlen Sie sich nach dem Energiebad erfrischt und ausgeglichen.

Diese Übungen zur Energieausrichtung sind nur einige der Praktiken, die Sie in Ihre spirituelle Reise integrieren können. Indem du sie regelmäßig praktizierst, stärkst du deine Verbindung zu deinem Höheren Selbst, erweiterst dein Bewusstsein und förderst Gleichgewicht und Harmonie in allen Aspekten deines Lebens.

24
Heilung und Gleichgewicht

Lassen Sie uns die unglaubliche Fähigkeit zur Heilung und zum Gleichgewicht erkunden, die die Energien in der Kosmischen Spiritualität bieten. Wenn du dein Bewusstsein erweiterst und dich mit den Energien des Universums verbindest, kannst du einen kraftvollen Fluss der Heilung und Transformation erreichen. Es ist an der Zeit, einige Praktiken und Konzepte zu erkunden, die mit Heilung und Gleichgewicht durch kosmische Energien zu tun haben.

In der Kosmischen Spiritualität haben alle Formen der Heilung ihren Ursprung in der Quelle, die Quelle ist die Urenergie des Universums. Indem Sie sich selbst als ein mit dieser Quelle verbundenes Wesen erkennen, schaffen Sie Raum, um die kosmischen Energien der Heilung und des Gleichgewichts zu empfangen. Du kannst dies durch Absicht, Meditation und eine tiefe Verbindung mit deiner eigenen göttlichen Essenz tun. Indem du die Quelle als ersten Ursprung aller Dinge anerkennst, wirst du zu einem Kanal für transformative Energien.

Um Zugang zu den kosmischen Energien der Heilung und des Gleichgewichts zu erhalten, ist es wichtig, sich auf sie einzustimmen. Dies können Sie durch Meditation, Visualisierung und Absicht tun. Obwohl das Thema „Meditation" bereits zuvor behandelt wurde, ist es wichtig, es aus der Sicht der Heilung zu kontextualisieren, da diese Praxis genutzt werden kann, um Menschen zu helfen, die keine Ahnung von Energieheilungsmethoden haben. In diesen Situationen sind Sie der Heiler, derjenige, der Liebe und Solidarität in sich trägt und nach den Prinzipien der kosmischen Spiritualität handelt.

Um gezielt auf die kosmischen Energien der Heilung und des Gleichgewichts zuzugreifen, ist es möglich, die Visualisierung an die spezifische Krankheit einer Person anzupassen. Die Visualisierung ist ein mächtiges Werkzeug, um mit der Heilenergie zu interagieren und sie auf die spezifischen Bereiche des Körpers zu lenken, die Aufmerksamkeit benötigen.

Ein Beispiel. Wenn Sie oder jemand, dem Sie helfen möchten, mit einer Krankheit zu tun haben, z. B. mit chronischen Schmerzen in einem bestimmten Körperteil oder einem bestimmten Zustand, können Sie diesen Visualisierungsprozess während der Meditation durchführen.

Suchen Sie sich einen ruhigen, bequemen Platz zum Meditieren.

Schließen Sie wie zuvor die Augen und beginnen Sie mit dem Entspannungsverfahren, das auf den vorhergehenden Seiten beschrieben wurde.

Wenn Sie einen Zustand der Entspannung erreicht haben, konzentrieren Sie sich auf den Bereich des Körpers, der von der Krankheit betroffen ist. Stellen Sie sich diesen Körperteil als eine Energiekugel vor, die je nach Ihrer Intuition eine bestimmte Farbe haben kann.

Stellen Sie sich ein strahlendes, heilendes, kosmisches, goldenes Licht vor, das aus dem Universum direkt in Ihre Handflächen fließt.

Legen Sie Ihre Hände auf die betroffene Stelle und stellen Sie sich vor, dass das goldene Licht auf die Energiekugel übertragen wird, die für die Krankheit steht.

Während Sie Ihre Hände über die Stelle halten, stellen Sie sich vor, dass das goldene Licht die Kugel umhüllt und durchdringt, Wärme ausstrahlt und ein Gefühl von Heilung und Ausgeglichenheit vermittelt.

Bleiben Sie in dieser Visualisierung und erlauben Sie der kosmischen Heilenergie, auf den betroffenen Bereich einzuwirken und Erleichterung, Entspannung und ein Gefühl der Erneuerung zu bringen.

Danken Sie den kosmischen Energien für die Heilung und atmen Sie weiterhin tief, um die Erfahrung vollständig zu integrieren.

Es ist wichtig zu beachten, dass die Visualisierung eine persönliche Praxis ist und von Person zu Person variieren kann. Das Wichtigste ist, dass Sie sich mit der Energie verbunden fühlen und darauf vertrauen, dass Sie den Heilungsprozess einer bestimmten Krankheit unterstützen können.

Das Heilen mit Energiestrahlen ist eine spirituelle Praxis, die in der kosmischen Spiritualität einen hohen Stellenwert hat. Die Strahlen sind Kanäle göttlicher Energie, die durch das Universum fließen und allen Dimensionen der Existenz bestimmte Qualitäten der Heilung, des Gleichgewichts und der Transformation bringen. Jeder kosmische Strahl wird durch eine Farbe dargestellt und trägt eine bestimmte Qualität in sich.

Der blaue Strahl ist ein Symbol für Heilung und Schutz. Wenn man sich auf diesen Strahl einstimmt, erhält man Zugang zu einer regenerierenden Energie, die Blockaden auflöst, dichte Energien klärt und ein Gefühl der Gelassenheit und des Schutzes um sich herum vermittelt. Die Visualisierung des blauen Strahls, der den Körper während der Meditation umhüllt, ist eine kraftvolle Möglichkeit, diese heilende Energie durch das ganze Wesen fließen zu lassen und auf subtilen und tiefen Ebenen zu arbeiten, um Gleichgewicht und Harmonie wiederherzustellen.

Der Rosa Strahl steht für bedingungslose Liebe und Mitgefühl. Wenn du während der Meditation in die Energie des Rosa Strahls eintauchst, öffnest du dein Herz für eine tiefere und mitfühlendere Liebe, sowohl für dich selbst als auch für andere. Diese sanfte, fürsorgliche Energie heilt emotionale Wunden und stärkt das Band der Verbundenheit mit der Welt um dich herum, nährt Beziehungen und vermittelt ein Gefühl von Einheit und Harmonie.

Der Goldene Strahl ist der Ausdruck von Weisheit und spiritueller Erleuchtung. Die Visualisierung des Goldenen Strahls während der Meditation ist eine Reise auf der Suche nach höherem Wissen und geistiger Klarheit. Diese brillante Energie bringt Einsichten und Inspiration und ermöglicht es Ihnen, komplexe Themen mit größerer Unterscheidungskraft und Integrität zu verstehen. Indem du dich auf den Goldenen Strahl einstimmst, erweiterst du dein Bewusstsein und verbindest dich mit der inneren Weisheit und wirst zu einem Kanal für spirituelle Erleuchtung.

Der Grüne Strahl der Heilung ist ein Energiekanal, der für die Erneuerung und Wiederherstellung der körperlichen, emotionalen und geistigen Gesundheit steht. Um sich während der Meditation auf diesen Strahl einzustimmen, stellen Sie sich ein grünes Licht vor, das alle Teile Ihres Wesens, die Heilung brauchen, umhüllt und durchdringt. Diese revitalisierende grüne Energie wirkt ausgleichend auf

Körper und Geist und vermittelt ein Gefühl von Wohlbefinden und Vitalität.

Der Violette Strahl der Transmutation ist eine transformative Energie, die Reinigung und die Befreiung von negativen Mustern bewirkt. Um den Violetten Strahl in die Meditation einzubeziehen, können Sie ihn als violettes Licht visualisieren, das jegliche dichte Energie, vergangenes Karma oder begrenzende Gedanken auflöst. Diese alchemistische Energie ermöglicht es Ihnen, sich von emotionalem und spirituellem Ballast zu befreien und Raum für Wachstum und Entwicklung zu schaffen.

Der Weiße Strahl der Reinheit ist eine göttliche Energie, die für die Verbindung mit dem Höheren Selbst und der spirituellen Weisheit steht. Um den Weißen Strahl während der Meditation zu visualisieren, kannst du dich auf die reinste Essenz deines Wesens einstimmen und dem weißen Licht erlauben, alle Schichten des Bewusstseins zu durchdringen. Diese erleuchtende Energie bringt Klarheit, inneren Frieden und ein Gefühl des Einsseins mit dem Göttlichen.

Der Gelbe Strahl der Erleuchtung ist ein Energiekanal, der für die Erweiterung des Bewusstseins und die Suche nach höherem Wissen steht. Um sich während der Meditation mit diesem Strahl zu verbinden, können Sie ihn als helles gelbes Licht visualisieren, das Weisheit und Einsichten in spirituelle und philosophische Themen ausstrahlt. Diese gelbe Energie stimuliert den Geist und weckt seine Fähigkeit, tiefere Aspekte der Existenz zu erkennen und zu verstehen.

Der orangefarbene Strahl der Kreativität ist eine Energie, die den kreativen Ausdruck und die Verbindung mit der Kraft der Vorstellungskraft anregt. Wenn du dich während der Meditation auf diesen Strahl einstimmst, kannst du ein leuchtendes oranges Licht visualisieren, das deine innere Kreativität aktiviert. Diese orangefarbene Energie stimuliert die Fähigkeit, neue Ideen, Projekte und innovative Lösungen in Ihrem Leben zu manifestieren.

Die Art und Weise, wie Sie diese Strahlen visualisieren, ist in der kosmischen Spiritualität ebenfalls wichtig: Sie können sich vorstellen, dass Sie in das Licht des Strahls gebadet werden oder von ihm getroffen werden. Beide Ansätze sind gültig und können je nach persönlicher Vorliebe und Intuition verwendet werden. Die Wirksamkeit der Praxis ist nicht nur auf eine Form der Visualisierung beschränkt, und beide Formen können erhebliche Vorteile bringen. Lassen Sie uns beide Möglichkeiten weiter erforschen.

Lichtbad-Visualisierung:

Bei diesem Ansatz stellt sich die Person vor, dass sie in das Licht eines bestimmten kosmischen Strahls eintaucht und darin badet. Sie können sich vorstellen, dass dieses Licht von oben nach unten fließt und ihren gesamten Körper und ihr Energiefeld umhüllt. Diese

Visualisierung kann vor allem für diejenigen hilfreich sein, die das Gefühl haben wollen, tief in die Energie des kosmischen Strahls einzutauchen, als ob sie in seine heilende und transformierende Essenz eintauchen würden.

Diese Visualisierung ermöglicht es der Person, sich von der Energie des kosmischen Strahls umhüllt und genährt zu fühlen, was ein Gefühl der totalen Verbindung mit dieser heilenden Frequenz vermittelt. Die Erfahrung kann mit einem Bad in reinigendem Licht verglichen werden, bei dem alle Bereiche des Wesens von dieser revitalisierenden Energie durchdrungen werden.

Visualisierung des Empfangens des Universums.

Bei diesem Ansatz öffnet sich die Person, um die Energie des kosmischen Strahls zu empfangen, der ihr direkt aus dem Universum zuströmt. Er kann sich vorstellen, wie er mit offenen Armen und offenem Herzen die Energie des kosmischen Strahls in sein Wesen eindringen lässt. Diese Visualisierung kann besonders kraftvoll für diejenigen sein, die eine direktere Verbindung mit der universellen Kraft und dem göttlichen Aspekt der Energie des kosmischen Strahls erfahren wollen.

Diese Visualisierung ermöglicht es der Person, sich empfänglich und offen dafür zu fühlen, die Energie der kosmischen Strahlen als ein Geschenk des

Universums zu empfangen. Es ist eine Praxis der Hingabe und des Vertrauens, bei der man sich der heilenden Weisheit des Strahls überlässt und ihm erlaubt, auf harmonische und transformative Weise in seinem Wesen zu wirken.

Beide Formen der Visualisierung sind hochwirksam und können je nach individueller Vorliebe abgewechselt oder kombiniert werden. Wichtig ist, dass sich die Person wohlfühlt und im Einklang mit der Erfahrung ist und der Energie des kosmischen Strahls erlaubt, frei in ihrem Wesen zu fließen und Heilung, Gleichgewicht und Bewusstseinserweiterung zu bringen. Wenn Sie die Visualisierung mit Absicht, Vertrauen und Hingabe praktizieren, werden Sie tiefgreifende und positive Ergebnisse auf Ihrer Reise der Selbstentdeckung und des spirituellen Wachstums erfahren.

Indem du Heilung durch die kosmischen Strahlen praktizierst, öffnest du einen Kanal zur göttlichen Weisheit und wirst zu einem Mitschöpfer deiner eigenen Heilung und spirituellen Entwicklung. Diese Praxis ist eine Gelegenheit, sich mit dem riesigen Universum der subtilen Energien zu verbinden und sich daran zu erinnern, dass man ein spirituelles Wesen ist, das eine menschliche Erfahrung macht und die Macht hat, auf die Energien zuzugreifen und sie für die Heilung zu nutzen, für das eigene Wohlbefinden oder das von Menschen, die spirituell weniger erleuchtet sind.

Das Harmonisieren mit den Sternen und Astern ist eine weitere Praxis, die tief in der kosmischen Spiritualität verwurzelt ist, da sie subtile Energien besitzen, die den Heilungsprozess beeinflussen und unterstützen. Man kann sich mit diesen Energien durch Beobachtung der Himmelskörper, Meditation und Absicht verbinden. Indem Sie die Schönheit des Sternenhimmels betrachten, werden Sie sich Ihrer Verbindung zum Universum bewusst und lassen die Sternenenergien in Ihr Wesen einfließen, was Ihnen Gleichgewicht und Erneuerung bringt. Sie können auch Kristalle oder Steine mit Bezug zu den Sternen verwenden, um diese kosmischen Energien zu verstärken und zu bündeln.

Während der Meditation können Sie Ihre Verbindung mit den Sternen vertiefen. Stellen Sie sich vor, dass sich Ihre Energie über Ihren physischen Körper hinaus ausdehnt und sich mit der Weite des Kosmos verbindet. Auf diese Weise lassen Sie die Sternenenergien in Ihr Wesen einfließen, was zu einem Gefühl der Ausrichtung und Harmonisierung mit der stellaren Weisheit führt.

Denken Sie daran, wie wichtig die Absicht in diesem Prozess ist. Wenn Sie die Absicht haben, sich mit den Sternenenergien zu verbinden, um ihre heilenden Segnungen zu empfangen, öffnen Sie einen Kanal für die Übertragung dieser Energien in Ihr Leben. Diese bewusste Absicht stärkt Ihre Einstimmung auf das

Universum und ermöglicht es Ihnen, seine segensreichen Einflüsse zu empfangen.

Die Harmonisierung mit den Sternen in der kosmischen Spiritualität ist untrennbar mit den Besonderheiten des menschlichen Daseins und dem subtilen und bedeutenden Einfluss verbunden, den bestimmte Sterne auf uns ausüben. In dieser Praxis können Sterne mit Planeten assoziiert werden, die in Ihrem Leben eine wichtige Rolle spielen, während Sterne allgemeinere kosmische Energien repräsentieren, die über Ihre irdische Existenz hinausgehen.

In der kosmischen Spiritualität sind einige der Sterne, die mit den Besonderheiten des menschlichen Daseins in Resonanz stehen, folgende:

Die Sonne:

Um die Kosmische Spiritualität zu verstehen, bedarf die Frage nach der Sonne einer umfassenderen Erklärung. Sie wird als Zentralgestirn gesehen, das über seine physische Rolle als Spender von Licht und Leben auf der Erde hinausgeht. Sie stellt eine mächtige Quelle von Lebensenergie, spiritueller Erleuchtung und innerer Stärke dar. Die Einstimmung auf die Energie der Sonne ist eine bedeutende spirituelle Praxis, da sie dem Menschen tiefgreifende Vorteile bringt, der verstehen muss, dass sein Leben existiert, weil die Sonne existiert.

Die Sonnenenergie wird mit dem Höheren Selbst in Verbindung gebracht, dem höchsten und spirituellsten

Aspekt des Menschen. Wenn man sich mit dieser Energie verbindet, erfährt man eine größere geistige Klarheit, die dazu beiträgt, Verwirrung und Unsicherheit zu vertreiben. Darüber hinaus ermöglicht die Stärkung der Verbindung mit dem Höheren Selbst den Zugang zur Quelle der inneren Weisheit, um ein tieferes Verständnis für den Sinn des Lebens zu erlangen.

So wie die Sonne die Quelle des Lebens auf der Erde ist, wird die Sonnenenergie aus der Perspektive der kosmischen Spiritualität als Grundlage für spirituelle Lebenszyklen gesehen. Die Sonnenstrahlen sind die symbolische Darstellung des Lichts, das den spirituellen Weg des Einzelnen erhellt und für Wachstum, Entwicklung und ständige Erneuerung sorgt. Sie nähren nicht nur den physischen Körper, sondern auch den spirituellen Körper, indem sie die spirituelle Entwicklung und das Erwachen des Bewusstseins fördern.

Wenn Sie sich auf die Sonnenenergie einstimmen, erfahren Sie ein Gefühl von Zielstrebigkeit und Authentizität, da Sie sich mit Ihrer wahren inneren Essenz und der Quelle Ihres Lebens in Einklang bringen. Diese Verbindung mit der Lebenskraft der Sonne bringt auch ein tiefes Gefühl der Vitalität und Begeisterung für das Leben mit sich und ermutigt Sie, Ihre Ziele mit Entschlossenheit und Zuversicht zu verfolgen.

Innerhalb des komplexen Systems der Kosmischen Spiritualität ist die Sonne ein grundlegender Punkt für das Verständnis der Verbindung zwischen kosmischer Energie und menschlicher Erfahrung. Sie ist eine der primären Energiequellen, die die Existenz beeinflussen und formen. Indem du diese Energie ehrst und dich mit ihr in Einklang bringst, erhältst du Zugang zu einem riesigen spirituellen Potenzial und öffnest dich für ein Universum von Möglichkeiten für Wachstum, Verständnis und Heilung.

Der Mond:

Der Mond übt einen starken Einfluss auf Emotionen und natürliche Zyklen aus. Er wird mit Intuition, Kreativität und weiblicher Energie in Verbindung gebracht. Indem Sie sich mit der Mondenergie in Einklang bringen, erforschen Sie die Tiefen Ihrer Gefühle und erhalten Zugang zu der intuitiven Weisheit, die in Ihnen wohnt.

Merkur:

Wenn du mit dem Planeten Merkur harmonierst, kannst du dich mit der Energie der Kommunikation, des Ausdrucks und des analytischen Verstandes verbinden. Eine Harmonisierung mit Merkur verbessert die kommunikativen Fähigkeiten, die Klarheit der Gedanken und die Suche nach Wissen.

Venus:

Venus ist der Planet der Liebe, der Schönheit und der Harmonie. Wenn Sie sich auf die Energie der Venus einstimmen, kultivieren Sie bedingungslose Liebe für sich selbst und andere und ziehen Beziehungen und Erfahrungen an, die Harmonie und Mitgefühl fördern.

Mars:

Wenn Sie mit dem Planeten Mars harmonieren, erhalten Sie Zugang zur Energie der Tatkraft, der Entschlossenheit und des Mutes. Diese Harmonisierung stärkt Ihre Motivation und Ihre Fähigkeit, sich Herausforderungen zu stellen, und ermöglicht es Ihnen, auf Ihrem Weg mit Zuversicht voranzukommen.

Alpha Centauri-Sterne:

In der kosmischen Spiritualität gelten die Alpha-Centauri-Sterne als besondere Verbindung zu den kosmischen Energien. Die Harmonisierung mit diesen Sternen verstärkt die Verbindung mit der kosmischen Weisheit, stimuliert ein erweitertes Bewusstsein und öffnet Portale zur spirituellen Heilung.

Verwenden Sie Kristalle und Edelsteine, um die Harmonisierung mit den Sternen zu verstärken. Jeder Kristall hat eine einzigartige Energie und ist mit bestimmten Planeten oder Sternen verbunden. Legen Sie diese Kristalle während der Meditation um Ihren Körper oder verwenden Sie sie als Schmuck oder Amulett, um die Sternenenergien anzuziehen und in Ihrem täglichen Leben zu verankern.

Sonne:

Die Kristalle, die mit der Sonne assoziiert werden, sind Citrin und Topas.

Der Citrin ist für seine Sonnenenergie bekannt. Dieser Kristall bringt Freude, Vitalität und geistige Klarheit. Er ist ein Element, das die Verbindung mit dem höheren Selbst stärkt und Licht auf den spirituellen Weg bringt.

Topas wird mit der Kraft der Sonne assoziiert und hilft, das Selbstvertrauen zu stärken, Herausforderungen mutig anzugehen und sich auf sein Lebensziel zuzubewegen.

Mond:

Die Kristalle, die mit dem Mond assoziiert werden, sind Rosenquarz und Mondstein.

Der Rosenquarz steht für bedingungslose Liebe und ist ein Kristall, der Emotionen harmonisiert und Beziehungen nährt, indem er das Herz für Mitgefühl und die Verbindung mit dem eigenen Inneren öffnet. Mondstein stärkt Intuition und Sensibilität, er ist ein Kristall, der es ermöglicht, die Tiefen der Gefühle zu erforschen und Zugang zu intuitiver Weisheit zu finden.

Merkur:

Die Kristalle, die mit Merkur assoziiert werden, sind Blauer Achat und Sodalith.

Der blaue Achat fördert eine klare und effektive Kommunikation und hilft, Ideen und Gedanken objektiv und ruhig auszudrücken. Der Sodalith stimuliert den analytischen Verstand, hilft bei der Suche nach Wissen und fördert die Einsicht und das Verständnis von Situationen.

Venus:

Die Kristalle, die mit der Venus assoziiert werden, sind Grüner Quarz und Wüstenrose.

Grüner Quarz verbindet Sie mit Liebe und Heilung, zieht Harmonie in Beziehungen an und regt ein offenes Herz an. Die Wüstenrose stärkt das Selbstwertgefühl und die innere Schönheit und fördert außerdem Frieden und Gelassenheit.

Mars:

Die Kristalle, die mit dem Mars in Verbindung gebracht werden, sind Granat und Karneol.

Der Granat stärkt die Willenskraft und die körperliche Energie, fördert die Tatkraft und die Fähigkeit, Hindernisse zu überwinden. Der Karneol fördert den Mut und die Motivation, hilft,

Herausforderungen zu meistern und mit Zuversicht voranzugehen.

Alpha Centauri-Sterne:

Die Alpha-Centauri-Sterne gelten in der kosmischen Spiritualität als etwas Besonderes. Für diese Verbindung gibt es keinen speziellen Kristall, aber klare Kristalle, wie transparenter Quarz oder weißer Quarz, werden verwendet, um die Verbindung mit den kosmischen Energien zu verstärken.

Indem Sie die Harmonisierung mit den Sternen erforschen, öffnen Sie sich für eine Reise der persönlichen Entdeckung und der Verbindung mit dem Universum. Durch Praktiken wie Beobachtung, Meditation und Absicht richten Sie sich auf diese kosmischen Energien aus und erlauben ihnen, in Ihr Wesen zu fließen, was Gleichgewicht, Erneuerung und spirituelles Wachstum bringt. Indem Sie Ihre Verbindung mit den Sternen pflegen, stärken Sie Ihre spirituelle Reise und werden zu einem bewussten Mitschöpfer Ihrer eigenen Evolution.

Die Arbeit mit Heilungsfrequenzen ist eine zutiefst transformative Reise, die Sie in Ihrer spirituellen Praxis erforschen können. Die Klangschwingungen der Heilfrequenzen haben die Kraft, Ihr Wesen auf subtilen Ebenen auszugleichen und zu harmonisieren, einen Zustand des Wohlbefindens und der Verbindung mit der kosmischen Weisheit zu fördern.

Eine der mächtigsten Techniken, die Sie anwenden können, ist die Verwendung von Mantras. Indem Sie heilende Mantras wiederholen, erlauben Sie diesen heiligen Worten, in Ihrem Wesen widerzuhallen und ein Feld positiver, transformierender Energie um Sie herum zu schaffen. Mantras haben die Kraft, stagnierende Energien freizusetzen und alle Spannungen oder Blockaden zu lösen, die Ihr emotionales und spirituelles Gleichgewicht beeinträchtigen könnten.

Chants spielen auch eine wichtige Rolle bei der Arbeit mit Heilfrequenzen. Indem du deiner Stimme erlaubst, sich durch Chants und Vokalisationen auszudrücken, setzt du festgefahrene Energien frei und schaffst einen Raum der Erneuerung und Harmonie. Die Stimme ist ein kraftvolles Instrument, um Energien zu transformieren und Sie mit der Essenz Ihres authentischen Selbst zu verbinden.

Therapeutische Musik ist ein weiteres wertvolles Instrument, mit dem Sie mit heilenden Frequenzen arbeiten können. Speziell für diesen Zweck entwickelte Musik hat die Kraft, den Geist zu beruhigen, den Körper zu entspannen und die Seele zu erheben. Diese sorgfältig ausgewählten Melodien schaffen ein günstiges Umfeld für die Heilung und öffnen das Herz, um den Segen der kosmischen Energien zu empfangen.

Indem du den heilenden Frequenzen erlaubst, durch diese Praktiken in dein Wesen einzudringen, öffnest du dich für eine tiefe Reise der Transformation und des Gleichgewichts. Heilung manifestiert sich auf allen Ebenen des Seins: körperlich, emotional, mental und spirituell. Erinnern Sie sich daran, dass Heilung ein fortlaufender Prozess ist, und die Arbeit mit Heilfrequenzen ist ein kraftvoller Weg, um Ihre Verbindung mit dem Universum zu stärken und die göttliche Essenz, die in Ihnen wohnt, zu nähren. Indem Sie diese Techniken in Ihre Routine einbauen, werden Sie zu einem Kanal für Heilung und erlauben der Weisheit des Universums, durch Sie zu fließen und Gleichgewicht, Erneuerung und Harmonie in Ihr Leben zu bringen.

25
Energie-Zentren

Die bereits erwähnten Chakren sind Energiewirbel im Körper und spielen eine wichtige Rolle für die körperliche, emotionale und spirituelle Gesundheit. Sie fungieren als Energiekanäle, die die Lebensenergie aufnehmen, verarbeiten und über das gesamte Wesen verteilen. Die Reinigung und Harmonisierung dieser Energiezentren ist wesentlich für Gleichgewicht und Wohlbefinden. Lassen Sie uns einige der Praktiken und Techniken erforschen, die in der Kosmischen Spiritualität zur Reinigung und Harmonisierung der Chakren verwendet werden.

Obwohl jedes der Chakren bereits beschrieben wurde, werden wir aus didaktischen Gründen tiefer in das Thema eintauchen, und zwar aus der Perspektive ihrer energetischen Reinigung und Harmonisierung.

Doch zunächst ist es wichtig, die einzelnen Energiezentren kennenzulernen und ihre Beziehung zu den Aspekten des Lebens zu verstehen.

Wie bereits erwähnt, befinden sich die Chakren entlang der Wirbelsäule, von der Basis bis zur Spitze des Kopfes, und jedes von ihnen ist mit einer Farbe, einer Funktion und bestimmten Aspekten der menschlichen Existenz verbunden.

Wurzelchakra (Muladhara):

Es befindet sich an der Basis der Wirbelsäule, im unteren Lendenbereich, auf Hüfthöhe und wird mit Sicherheit, Stabilität und Verbindung zur Erde assoziiert. Seine Farbe ist rot. Es beeinflusst das Überleben, das Gefühl der Zugehörigkeit und ein solides Fundament. Das Licht des Wurzelchakras strahlt den Rücken hinunter und verwurzelt ihn fest mit der Erde, so dass sich die Person sicher und geborgen fühlen kann. Das Mantra, das mit diesem Chakra verbunden ist, lautet „LAM". Es hilft, die Verbindung mit der Erde zu stärken und Stabilität und Sicherheit im Leben zu fördern.

Sakralchakra (Swadhisthana):

Das Sakralchakra befindet sich in der Region unterhalb des Nabels und hat mit Sexualität, Kreativität und Lebensenergie zu tun. Seine Farbe ist orange und es beeinflusst den emotionalen Ausdruck, die Lust und die Fruchtbarkeit. Das Mantra, das mit diesem Chakra verbunden ist, lautet „VAM".

Solarplexus-Chakra (Manipura):

Das Solarplexus-Chakra befindet sich in der Magengegend und steht im Zusammenhang mit persönlicher Macht, Selbstvertrauen und der Manifestation von Zielen. Seine Farbe ist gelb und es beeinflusst Willenskraft, Selbstwertgefühl und die Fähigkeit, Entscheidungen zu treffen. Das zugehörige Mantra ist „RAM".

Herz-Chakra (Anahata):

Das Herzchakra befindet sich in der Mitte der Brust und steht für Liebe, Mitgefühl und Harmonie. Seine Farbe ist grün oder rosa und es beeinflusst zwischenmenschliche Beziehungen, Vergebung und bedingungslose Liebe. Das zugehörige Mantra ist „YAM".

Kehlkopf-Chakra (Vishuddha):

Das Kehlkopf-Chakra befindet sich im Hals und wird mit Kommunikation, persönlichem Ausdruck und verbaler Kreativität in Verbindung gebracht. Seine Farbe ist hellblau und es beeinflusst die Fähigkeit, die Wahrheit, Authentizität und Klarheit der Kommunikation auszudrücken. Das zugehörige Mantra ist „HAM".

Drittes Augenchakra (Ajna):

Das dritte Augenchakra befindet sich zwischen den Augenbrauen und hat mit Intuition, innerer Weisheit und spiritueller Wahrnehmung zu tun. Seine Farbe ist Indigo (Marineblau) und es beeinflusst Intuition, Vorstellungskraft und die Fähigkeit zu visualisieren. Das Mantra, das mit diesem Chakra verbunden ist, ist „OM" oder „AUM".

Kronenchakra (Sahasrara):

Das Kronenchakra befindet sich oben auf dem Kopf und hat mit Spiritualität und der Verbindung mit dem Göttlichen zu tun. Seine Farbe ist violett oder weiß und es beeinflusst die Verbindung mit dem höheren Selbst, transzendentale Weisheit und die Suche nach Erleuchtung. Das zugehörige Mantra ist „OM" oder „AUM".

Durch das Singen oder Wiederholen der Mantras lenken Sie die Energie auf das betreffende Chakra und tragen dazu bei, es ins Gleichgewicht zu bringen und die Wege für die Lebensenergie zu öffnen, damit sie frei durch das Energiesystem fließen kann. Denken Sie daran, dass die korrekte Aussprache und das Singen der Mantras wichtig sind, um den maximalen Nutzen zu erzielen.

Indem du die Funktion und die Farben jedes Chakras mit deinen Mantras assoziierst, kannst du daran arbeiten, sie auszugleichen, zu reinigen und zu läutern, um ihre Lebensenergie zu stärken und ein harmonischeres und erfüllteres Leben in allen Aspekten zu fördern.

Es gibt verschiedene Praktiken, um die Chakren zu reinigen und zu läutern. Eine gängige Technik ist die Visualisierung, bei der man sich vorstellt, dass ein helles, reinigendes Licht, das der Farbe des Chakras entspricht, dieses durchflutet und Blockaden und stagnierende Energien beseitigt, während man sein Mantra singt. Du kannst an der Basis der Wirbelsäule beginnen und dich nach oben vorarbeiten, indem du dich auf jedes Chakra einzeln konzentrierst. Indem du das reinigende Licht visualisierst und Mantras zu jedem Chakra chantest, verstärkst du die Absicht der Reinigung und Harmonisierung. Darüber hinaus tragen auch Meditation, bewusste Atmung, Kräuterbäder und Kristalle zur Reinigung der Chakren bei.

Nach der Reinigung der Chakren ist es wichtig, das Gleichgewicht und die Harmonisierung in diesen Energiezentren zu suchen. Jedes Chakra hat eine bestimmte Schwingungsfrequenz, und wenn sie aus dem Gleichgewicht geraten, verursachen sie körperliche, emotionale und geistige Probleme. Um die Harmonisierung zu fördern, können Sie Techniken wie die Chakra-Meditation anwenden, bei der Sie sich auf jedes Chakra konzentrieren, um den Energiefluss wieder ins Gleichgewicht zu bringen. Sie können auch Farben, Klänge, Kristalle und entsprechende ätherische Öle verwenden.

Die Reinigung und Harmonisierung der Chakren sind Praktiken, die Sie in Ihren Alltag integrieren sollten. So wie Sie sich um Ihren physischen und emotionalen Körper kümmern, sollten Sie sich auch um Ihre Energie und Ihre Energiezentren kümmern. Dazu gehört, dass Sie sich Ihrer Gedanken, Emotionen und Handlungen bewusst werden und Integrität und Authentizität in allen Lebensbereichen anstreben. Darüber hinaus hilft es, sich regelmäßig Zeit für Praktiken wie Meditation, bewusste Atmung, Visualisierungen und andere Techniken zur Reinigung und Harmonisierung der Chakren zu nehmen, um einen Zustand des Gleichgewichts und des Wohlbefindens zu erhalten.

Die Reinigung und Harmonisierung der Energiezentren ist von grundlegender Bedeutung für Gesundheit und spirituelles Wachstum. Durch die Arbeit mit den Chakren lösen Sie den Energiefluss, fördern die Heilung, stärken die Verbindung mit dem Göttlichen und erweitern das Bewusstsein. Denken Sie daran, dass Sie einzigartig sind, passen Sie diese Praktiken also an Ihre Intuition und Ihre persönlichen Bedürfnisse an. Indem Sie die Chakrenreinigung und -harmonisierung kultivieren, nähren Sie Ihr ganzes Wesen und lassen Ihre Energie frei fließen, so dass Sie ein erfülltes und sinnvolles Leben führen können.

26
Energetische Ausrichtung und Lebensstil

Erfahren Sie, wie wichtig es ist, die energetische Ausrichtung mit dem Lebensstil in der Kosmischen Spiritualität zu verbinden.

Sie haben die Konzepte der Energie, der Chakren, der Meditation und der Techniken zur Reinigung und Harmonisierung der Energiezentren kennengelernt. Jetzt ist es an der Zeit zu verstehen, wie Sie diese Lehren und Praktiken in Ihr tägliches Leben integrieren können, um sie in einen ganzheitlichen und integrierten Lebensstil zu verwandeln.

Energetische Bewusstheit.

Der erste Schritt zur Integration der energetischen Ausrichtung in Ihren Lebensstil besteht darin, ein ständiges energetisches Bewusstsein zu entwickeln. Das bedeutet, sich seiner eigenen Energien, Emotionen und Gedanken bewusst zu sein und zu beobachten, wie sie sich auf Ihr allgemeines Wohlbefinden auswirken. Nehmen Sie sich im Laufe des Tages einige Augenblicke Zeit, um sich mit Ihrer inneren Energie zu verbinden, Ihre Gefühle zu beobachten und mögliche Blockaden oder Ungleichgewichte zu erkennen. Diese Praxis der Selbstbeobachtung ermöglicht es Ihnen, sich der Bereiche bewusster zu werden, die Aufmerksamkeit und Pflege brauchen. Vielen Menschen fällt es jedoch schwer, Bewertungskriterien aufzustellen und Blockaden und Ungleichgewichte zu erkennen.

Auf didaktische Weise können wir sagen, dass energetische Achtsamkeit eine wesentliche Übung ist, um Blockaden und Ungleichgewichte in Ihrem täglichen Leben zu erkennen. Um diese Achtsamkeit zu entwickeln, können Sie ein paar einfache Schritte befolgen.

Nehmen Sie sich im Laufe des Tages ein paar Momente Zeit, um innezuhalten und mit sich selbst in Verbindung zu treten. Das kann eine kurze Pause zwischen den Aufgaben sein, ein paar Minuten Meditation oder sogar ein ruhiger Spaziergang in der Natur. Diese Momente des Innehaltens ermöglichen es Ihnen, sich auf Ihre innere Energie einzustimmen und zu beobachten, wie Sie sich fühlen.

Achten Sie den ganzen Tag über auf Ihre Gefühle. Stellen Sie fest, ob Sie sich glücklich, traurig, gestresst, ängstlich usw. fühlen. Emotionen sind starke Indikatoren für den Zustand Ihrer inneren Energie und können auf mögliche Blockaden oder Ungleichgewichte hinweisen. Jede Emotion hat eine einzigartige energetische Resonanz, die widerspiegelt, wie Sie mit sich selbst und Ihrer Umwelt in Beziehung stehen. Emotionen sind mit den Chakren verbunden, und um Ihren emotionalen Zustand zu ändern, müssen Sie das entsprechende Chakra energetisch reinigen und mit den auf den vorhergehenden Seiten beschriebenen Techniken ausrichten. Hier sind einige häufige Emotionen, die auf Blockaden oder Ungleichgewichte hinweisen.

Freude:

Freude ist eine positive Emotion, die anzeigt, dass Ihre Energie harmonisch fließt. Das Gefühl der Freude deutet in der Regel auf ein gesundes Gleichgewicht zwischen Ihren körperlichen, emotionalen und spirituellen Aspekten hin.

Traurigkeit:

Traurigkeit steht mit dem Herzchakra in Verbindung und deutet auf ungelöste Probleme in Bezug auf Liebe und Vergebung hin. Sie weist auch auf das Solarplexus-Chakra hin, das mit persönlicher Kraft und Selbstvertrauen verbunden ist, da Traurigkeit aus Herausforderungen resultiert, wenn es darum geht, sein wahres Wesen zum Ausdruck zu bringen.

Stress:

Stress ist eine häufige Emotion im hektischen Leben, aber er zeigt auch an, dass Sie überfordert sind oder Ihre Bedürfnisse und Grenzen nicht im Einklang stehen. Anhaltender Stress führt zu Energieblockaden in verschiedenen Bereichen. Er steht mit dem Solarplexus-Chakra in Verbindung und deutet auf emotionale Überlastung und eine falsche Ausrichtung auf die eigenen Grenzen und Bedürfnisse hin.

Ängstlichkeit:

Angst deutet darauf hin, dass man sich Sorgen um die Zukunft macht oder in negativen Denkmustern feststeckt. Sie deutet auf ein Ungleichgewicht im Kehlkopfchakra hin, das mit Kommunikation und Selbstausdruck zu tun hat. Angstgefühle deuten auf Zukunftssorgen oder auf Schwierigkeiten hin, die eigenen Bedürfnisse und Gefühle klar auszudrücken.

Wut:

Wut ist ein Anzeichen dafür, dass Sie Emotionen unterdrücken oder mit schwierigen Situationen konfrontiert sind. Sie weist auf Blockaden im Solarplexus-Chakra hin, das mit persönlicher Macht und Selbstvertrauen zu tun hat. Wut löst Ungleichgewichte in der persönlichen Macht und Selbstbeherrschung aus und deutet auf ungelöste Probleme mit Vergebung und Mitgefühl hin.

Furcht:

Angst zeigt, dass Sie sich in irgendeinem Bereich des Lebens unsicher oder bedroht fühlen. Sie weist auf Blockaden im Wurzelchakra hin, das mit Sicherheit und

Stabilität verbunden ist. Angstgefühle deuten auf Unsicherheit oder Bedrohung in einem Lebensbereich hin.

Schuldgefühle:

Schuldgefühle deuten darauf hin, dass Sie sich zu sehr belasten oder dass Sie emotionale Lasten aus der Vergangenheit mit sich herumtragen. Schuldgefühle stehen mit Blockaden im Herzchakra in Verbindung, das mit Liebe und Vergebung assoziiert ist und auf ungelöste Probleme hinweist. Sie ist auch mit dem Solarplexus-Chakra verbunden, was auf übermäßige Selbstsammlung und mangelndes Selbstwertgefühl hinweist.

Dieser Ansatz berücksichtigt, dass verschiedene Emotionen mit verschiedenen Chakren verbunden sein können, da emotionale Erfahrungen komplex und vielschichtig sind. Es ist wichtig, sich daran zu erinnern, dass die Verbindung zwischen Emotionen und Chakren je nach Person unterschiedlich sein kann. Daher sind ständige Selbstbeobachtung und Ehrlichkeit gegenüber den eigenen Gefühlen von grundlegender Bedeutung, um herauszufinden, wie die eigenen Emotionen mit den Chakren und der allgemeinen Energie zusammenhängen.

Die Praxis der Achtsamkeit ist ebenfalls ein wirksames Mittel, um energetisches Bewusstsein zu entwickeln. Indem Sie sich des gegenwärtigen

Augenblicks voll bewusst sind, werden Sie sich bewusst, wie verschiedene Situationen, Menschen oder Umgebungen Ihre Energie und Ihr Wohlbefinden beeinflussen.

Ihr Körper ist eine wertvolle Quelle für Informationen über Ihre innere Energie. Achten Sie darauf, ob Sie irgendwo Spannungen, Schmerzen oder Unbehagen verspüren. Diese körperlichen Symptome spiegeln Energieblockaden oder Ungleichgewichte wider.

Führen Sie ein Tagebuch oder ein Notizbuch, um Ihre Beobachtungen und Erkenntnisse während des Tages festzuhalten. Schreiben Sie auf, wie Sie sich fühlen, welche Emotionen in verschiedenen Situationen auftauchen und welche energetischen Muster Sie bemerken. Diese Praxis hilft, das energetische Bewusstsein zu festigen und wiederkehrende Muster zu erkennen.

Stellen Sie sich Fragen zu Ihren Gefühlen und Ihrer Energie. Zum Beispiel: „Warum fühle ich mich so?" oder „Was verursacht diese Blockade?" Sprechen Sie aufrichtig und empfänglich mit sich selbst und versuchen Sie, Ihre inneren Energien besser zu verstehen.

Wenn Sie Blockaden oder Ungleichgewichte erkennen, suchen Sie nach Möglichkeiten, Ihre Energie in Harmonie und Gleichgewicht zu bringen. Dazu können Meditationspraktiken, bewusste Atmung, Visualisierungen, körperliche Übungen, Energietherapien oder andere Techniken gehören, die für Sie von Nutzen sind.

Denken Sie daran, dass Energiebewusstsein ein fortlaufender Prozess ist, der Übung und Geduld erfordert. Je mehr Sie sich mit Ihrer inneren Energie verbinden und Ihre Emotionen und Gedanken beobachten, desto einfacher wird es, Blockaden und Ungleichgewichte in Ihrem täglichen Leben zu erkennen. Diese Praxis ermöglicht nicht nur Selbsterkenntnis, sondern bietet auch Möglichkeiten für persönliches und spirituelles Wachstum und fördert größeres Wohlbefinden und Harmonie im Leben.

Sobald Sie sich Ihrer Energien bewusst sind, ist es an der Zeit, wertvolle Zeit für Übungen zur Energieausrichtung zu verwenden. Nehmen Sie sich einen ruhigen Moment in Ihrem Alltag, um sich mit Ihrer inneren Essenz zu verbinden und an der Balance Ihrer Chakren zu arbeiten, um Ihre Energie auf harmonische Weise neu auszurichten. Die Techniken, die Sie in diesem Buch erlernen, wie Meditation, Visualisierung und bewusste Atmung, werden Ihre Verbündeten auf dieser Reise sein.

Erlauben Sie sich während Ihrer Meditationssitzungen, tief in Ihr Wesen einzutauchen und jedes Chakra und seine spezifischen Energien zu erforschen. Stellen Sie sich vor, wie das reinigende

Licht Sie umhüllt, Blockaden löst und die Energie frei fließen lässt. Konzentrieren Sie sich auf jedes Chakra, von der Wurzel bis zur Krone, und spüren Sie, wie sich die Energie im ganzen Körper ausrichtet und ausdehnt.

Stellen Sie sich bei der Visualisierung vor, dass Sie von einem hellen, einladenden Licht umgeben sind, das Ihr Energiefeld nährt und stärkt. Sehen Sie, wie Ihre Aura intensiv leuchtet und das Gleichgewicht und die Harmonie widerspiegelt, die Sie innerlich kultivieren.

Bewusstes Atmen ist ein weiteres wirkungsvolles Mittel, um Ihre Energien in Einklang zu bringen. Nehmen Sie sich ein paar Minuten Zeit, um tief zu atmen und Ihre Aufmerksamkeit auf Ihren Atem zu richten, damit er Ihren Geist beruhigt und Ihre Gefühle besänftigt. Während Sie einatmen, stellen Sie sich vor, dass Sie Lebensenergie und Licht aufnehmen. Beim Ausatmen lassen Sie alle angesammelten Spannungen und negativen Energien los.

Diese Übungen zur Energieausrichtung werden nicht nur Ihr Energiefeld stärken, sondern auch Ihre Intuition und Ihr spirituelles Bewusstsein fördern. Sie werden sich mehr mit sich selbst und der Welt um Sie herum verbunden fühlen und ein tiefes Gleichgewicht in allen Aspekten des Lebens finden.

Zusätzlich zu den Praktiken der Energieausrichtung ist es wichtig zu wissen, dass die Ernährung eine entscheidende Rolle dabei spielt, diese

Ausrichtung in Ihren Lebensstil zu integrieren. Achten Sie darauf, dass alles, was Sie zu sich nehmen, sei es in Form von Lebensmitteln, Gedanken oder äußeren Einflüssen, einen direkten Einfluss auf Ihre Energie hat. Wählen Sie daher bewusst Lebensmittel aus, die frisch, lebendig und nahrhaft sind und den Körper mit vitaler Energie versorgen können.

Bevorzugen Sie eine Ernährung, die reich an Nährstoffen ist, die Ihre körperliche und energetische Gesundheit unterstützen. Essen Sie farbenfrohes und abwechslungsreiches Obst und Gemüse, denn jede Farbe steht für einen anderen Nutzen für Körper und Geist. Eine ausgewogene und gesunde Ernährung versorgt Sie mit der Energie, die Sie brauchen, um sich gestärkt und belebt zu fühlen.

Achten Sie nicht nur auf Ihre körperliche Ernährung, sondern auch auf Ihre Gedanken und Gefühle, die Sie täglich hegen. Kultivieren Sie eine positive und liebevolle Einstellung und versuchen Sie, Ihre Aufmerksamkeit auf konstruktive und aufbauende Gedanken zu lenken. Auf diese Weise schaffen Sie ein inneres Umfeld, das die Energieausrichtung begünstigt und es Ihrer Energie ermöglicht, harmonisch zu fließen.

Seien Sie freundlich zu sich selbst und zu anderen und versuchen Sie, sich von negativen oder selbstkritischen Gedanken fernzuhalten. Suchen Sie stattdessen nach Wegen, um Selbstliebe und

Selbstakzeptanz zu fördern, da diese Gefühle Ihre Verbindung zur positiven Energie stärken.

Die Reise der Energieausrichtung ist für jeden Menschen einzigartig, sie ist ein kontinuierlicher Prozess des Lernens und des Wachstums. In dem Maße, wie Sie sich Ihrer Nahrungsmittelauswahl, Ihrer Gedanken und Emotionen bewusster werden, schaffen Sie eine solide Grundlage für einen positiven energetischen Lebensstil, der ein größeres Wohlbefinden in allen Bereichen des Lebens fördert.

Ein weiterer grundlegender Aspekt der Integration der energetischen Ausrichtung in Ihr Leben ist die Schaffung einer physischen und energetischen Umgebung, die dem spirituellen Wachstum förderlich ist. Nehmen Sie sich die Zeit, Ihren Raum zu organisieren und zu reinigen, um sicherzustellen, dass er frei von Unordnung und stagnierenden Energien ist. Die Harmonie in Ihrer Umgebung spiegelt sich direkt in Ihrer inneren Energie wider und fördert Ihr Gleichgewicht und Wohlbefinden.

Beginnen Sie damit, Ihr Hab und Gut zu ordnen und sich von unnötigen Dingen zu trennen. Trennen Sie sich von Gegenständen, die Ihnen keine Freude mehr machen oder nicht mehr nützlich sind, da sie stagnierende Energie ansammeln und den Energiefluss in Ihrem Raum behindern. Indem Sie eine geordnete und aufgeräumte Umgebung schaffen, lassen Sie die Energie frei fließen, was eine energetische Ausrichtung begünstigt.

Neben der Organisation können Sie auch energetische Reinigungstechniken anwenden, um die Umgebung zu reinigen. Das Räuchern mit heiligen Kräutern wie Salbei oder Palo Santo ist ein wirksames altes Verfahren, um negative Energien zu beseitigen und einen Raum zu revitalisieren. Wenn Sie das Räucherwerk eines dieser Elemente anzünden und den Rauch in alle Ecken Ihres Hauses verteilen, werden Sie stagnierende Energien freisetzen und ein Gefühl der Erneuerung und Klarheit schaffen. Verwenden Sie die folgenden heiligen Kräuter für die Energiereinigung:

Weißer Salbei:

Weißer Salbei ist ein Kraut, das häufig zur Energiereinigung verwendet wird. Zünden Sie ein Räucherstäbchen mit weißem Salbei an und lassen Sie den reinigenden Rauch durch den Raum ziehen, durch Ecken und Räume, in denen die Energie möglicherweise stagniert. Konzentrieren Sie sich dabei auf die Absicht, alle negativen Energien loszulassen, um die Harmonie in Ihrem Raum zu fördern.

Rosmarin:

Rosmarin ist für seine reinigenden und schützenden Eigenschaften bekannt. Verbrennen Sie einige Rosmarinblätter oder Räucherstäbchen und lassen Sie den Rauch sich im Raum verteilen. Stellen Sie sich dabei vor, dass sich negative Energie auflöst und durch positive, belebende Energie ersetzt wird.

Lavendel:

Lavendel ist ein heiliges Kraut, das mit Frieden, Entspannung und Ausgeglichenheit assoziiert wird. Verwenden Sie das ätherische Öl des Lavendels, um ein energetisierendes Reinigungsspray herzustellen. Mischen Sie einige Tropfen ätherisches Lavendelöl in destilliertem Wasser und sprühen Sie es in Ihre Umgebung, wobei Sie sich vorstellen, dass die Energie gereinigt und harmonisiert wird.

Basilikum:

Basilikum ist ein heiliges Kraut, das hilft, den Raum zu reinigen und zu schützen. Geben Sie einige frische Basilikumblätter in ein Gefäß und stellen Sie es in Ihr Zimmer. Basilikum verströmt nicht nur einen angenehmen Duft, sondern vertreibt auch negative Energien und fördert eine Atmosphäre der Ruhe.

Eine weitere Möglichkeit, die Schwingung Ihrer Umgebung zu erhöhen, ist die Verwendung von Kristallen an strategischen Punkten. Wählen Sie Kristalle, die mit Ihren Absichten und spirituellen Zielen in Resonanz stehen, z. B. Klarquarz zur Reinigung, Amethyst für Harmonie und Schutz oder Citrin, um Wohlstand und Fülle anzuziehen. Platzieren Sie diese Kristalle an Orten, an denen ihre Frequenz am höchsten ist, z. B. an Ihrem Schreibtisch, in Ihrem Schlafzimmer oder in Ihrem Meditationsbereich.

Wenn Sie sich die Zeit und die Sorgfalt nehmen, eine gesunde physische und energetische Umgebung zu schaffen, schaffen Sie einen gemütlichen Raum für spirituelles Wachstum. Dies hilft Ihnen, sich mehr mit sich selbst und den Energien des Universums verbunden zu fühlen, Ihre Fähigkeit zur energetischen Ausrichtung zu erweitern und eine sinnvolle und bereichernde spirituelle Reise zu fördern. Denken Sie daran, dass jede kleine Anpassung Ihrer Umgebung einen großen Einfluss auf Ihre Energie und Ihr allgemeines Wohlbefinden hat.

Obwohl die Eigenschaften der wichtigsten Kristalle auf den vorhergehenden Seiten aufgeführt sind, finden Sie hier einige der Kristalle, die Sie in Ihre Umgebung einfügen können, um Ihre Energie und Harmonie zu steigern.

Weißer Quarz:

Weißer Quarz ist bekannt für seine Fähigkeit, Energie zu reinigen und zu klären. Platzieren Sie einen weißen Quarzkristall an einem zentralen Ort in Ihrem Raum, um positive Energie zu verstärken und negative Einflüsse zu neutralisieren.

Amethyst:

Amethyst ist ein kraftvoller Kristall, der die spirituelle Schwingung anhebt und Ruhe und inneren Frieden fördert. Platzieren Sie eine Gruppe von Amethysten in Ihrer Umgebung, um eine Atmosphäre der Ruhe und spirituellen Verbindung zu schaffen.

Citrin:

Der Citrin wird mit Freude, Wohlstand und positiver Energie assoziiert. Platzieren Sie einige Citrin-Kristalle an strategischen Stellen in Ihrem Raum, um Fülle und Vitalität anzuziehen.

Selenit:

Selenit ist ein Kristall, der energetische Reinigung und geistige Klarheit fördert. Legen Sie eine oder mehrere Selenitplatten in Ihre Umgebung, um negative Energien zu entfernen und Harmonie und Gleichgewicht zu fördern.

Natriumkristall (Salzstein)

Natriumkristall, auch bekannt als Salzstein, ist ein natürlicher Kristall, der leicht zu finden ist. Legen Sie kleine Portionen des Salzsteins an eine wichtige Stelle in Ihrem Raum, um die Energie zu reinigen und ein Gefühl von Sauberkeit und Ausgeglichenheit zu vermitteln. Salzstein hat die Eigenschaft, negative Energien aus der Umgebung zu absorbieren und eine

Atmosphäre der Erneuerung und des Wohlbefindens zu schaffen.

Die Integration der Energieausrichtung in Ihren Lebensstil erstreckt sich auch auf die Art und Weise, wie Sie mit anderen und Ihrer Gemeinschaft umgehen. Bemühen Sie sich um gesunde, ausgewogene Beziehungen, die auf Respekt, Mitgefühl und gegenseitiger Unterstützung beruhen. Legen Sie Wert auf sinnvolle Verbindungen mit Menschen, die ähnliche spirituelle Interessen haben und bei denen Sie Unterstützung und Ermutigung finden können.

Die Teilnahme an Gruppen oder Gemeinschaften mit spirituellen Neigungen ist eine wertvolle Möglichkeit, Ihren spirituellen Weg zu bereichern. Indem Sie sich mit anderen zusammenschließen, die nach spirituellem Wachstum und Erhebung streben, haben Sie die Möglichkeit, Erfahrungen, Erkenntnisse und Praktiken zu teilen, Ihr eigenes Verständnis zu bereichern und auf dem Weg der energetischen Ausrichtung voranzukommen.

Die Zusammenarbeit und der Austausch von Energien mit anderen in einem unterstützenden und verständnisvollen Raum stärkt die spirituellen Überzeugungen und erweitert den Horizont. Das Teilen und Empfangen von Wissen mit Einfühlungsvermögen und Offenheit schafft eine Atmosphäre des kollektiven Wachstums, in der jeder von den Erfahrungen und Einsichten der anderen genährt wird.

Es ist wichtig zu erkennen, dass die Integration der Energieausrichtung keine isolierte Praxis ist, sondern ein ganzheitlicher Ansatz, um in Harmonie mit dem Universum zu leben. Indem Sie dieses Bewusstsein und diese Praxis in Ihr tägliches Leben einbringen, öffnen Sie Raum für spirituelles Wachstum und vertiefen Ihre Verbindung zu Ihrem inneren Selbst.

Diese kontinuierliche Suche nach einem harmonischeren und sinnvolleren Leben führt zu einer tiefen Verbindung mit sich selbst und ermöglicht es Ihrem spirituellen Potenzial, sich zu entfalten. Dieser Prozess ist transformativ und sorgt für Wachstum, Wohlbefinden und ein größeres Gefühl für den Sinn der Lebensreise.

Denken Sie in diesem Prozess daran, freundlich zu sein. Die spirituelle Reise ist einzigartig, und es ist normal, dass man auf dem Weg Herausforderungen und Momente der Reflexion erlebt. Erlauben Sie sich selbst, in Ihrem eigenen Tempo zu wachsen, und achten Sie Ihre Bedürfnisse und Intuitionen.

27
Bewusste Manifestation

Lernen Sie die Prinzipien der bewussten Manifestation in der Kosmischen Spiritualität kennen. Dies ist der Prozess, bei dem du absichtlich die Realität erschaffst, die du dir wünschst, indem du Energie, Absicht und Bewusstsein als mächtige Werkzeuge einsetzt. Die Wesen des Lichts haben ein tiefes Verständnis für diese Prinzipien und bieten dieses wertvolle Wissen an, wie du ein bewusster Mitschöpfer deiner Realität werden kannst.

Obwohl dieses Thema bereits auf früheren Seiten behandelt wurde, lassen Sie uns noch ein wenig tiefer eintauchen.

In der Kosmischen Spiritualität haben Ihre Gedanken und Absichten eine unbestreitbare Macht bei der Erschaffung der Realität. Alles, was im Universum existiert, ist Energie, und Ihre Gedanken und Absichten sind Formen von Energie, die Sie in das Quantenfeld des universellen Bewusstseins senden. Um bewusst zu manifestieren, ist es daher unerlässlich, ein erhöhtes Bewusstsein zu kultivieren und Ihre Gedanken und Absichten auf das zu richten, was Sie erschaffen wollen. Indem Sie Ihre Energie positiv und im Einklang mit Ihren Werten und Zielen fokussieren, beginnen Sie, Erfahrungen und Umstände anzuziehen, die mit Ihren Absichten übereinstimmen.

Eines der grundlegenden Prinzipien der bewussten Manifestation ist die Ausrichtung der Schwingung. Das bedeutet, dass Sie in der gleichen energetischen Frequenz schwingen müssen wie das, was Sie anziehen wollen, um Ihre Wünsche zu manifestieren. Wenn Sie in Schwingungsharmonie mit Ihren Wünschen sind, erschaffen Sie ein Resonanzfeld, das es diesen Wünschen und Erfahrungen ermöglicht, sich in Ihrem Leben zu manifestieren. Deshalb ist es wichtig, positive Emotionen wie Dankbarkeit, Freude und Liebe zu kultivieren, um energetische Blockaden zu lösen, die Ihre Schwingungsausrichtung verhindern könnten. Praktiken wie Meditation, Visualisierung und positive Affirmationen sind bei diesem Ausrichtungsprozess hilfreich.

In der kosmischen Spiritualität sind Sie Teil eines vernetzten und intelligenten Universums. Bewusste Manifestation ist nicht nur ein individueller Akt, sondern eine gemeinsame Schöpfung mit dem Universum. Indem Sie eine Partnerschaft mit dem Kosmos eingehen, öffnen Sie den Raum, um Führung, Synchronizitäten und Gelegenheiten zu empfangen, die

Ihnen helfen, Ihre Wünsche auf fließende und harmonische Weise zu manifestieren. Dies erfordert Vertrauen in die Weisheit des Universums und die Bereitschaft, im Einklang mit den Zeichen und Anweisungen zu handeln, die Sie erhalten. Indem Sie mit dem Universum zusammenarbeiten, erkennen Sie, dass sich Ihre Wünsche und Absichten auf noch überraschendere Weise manifestieren können, als Sie es sich vorstellen können.

Es ist zwar wichtig, klare Absichten zu formulieren und zu visualisieren, was Sie manifestieren möchten, aber es ist auch wichtig, sich in Losgelöstheit und Vertrauen in den Prozess zu üben. Übermäßiges Festhalten am Ergebnis erzeugt Widerstand und behindert den Energiefluss. Vertrauen ermöglicht es Ihnen, sich für Möglichkeiten zu öffnen, die über Ihr gegenwärtiges Verständnis hinausgehen, und dem Universum zu erlauben, sich auf eine Weise zu manifestieren, die Sie überraschen mag. Dem Fluss des Universums zu vertrauen und sich ihm hinzugeben, ist ein wesentlicher Aspekt der bewussten Manifestation in der Kosmischen Spiritualität.

Bewusste Manifestation basiert nicht nur auf Gedanken und Absichten, sondern erfordert auch inspiriertes und intuitives Handeln. Wenn Sie sich mit Ihren Absichten in Einklang bringen und Führung vom Universum erhalten, sind Sie aufgerufen, in einer Weise zu handeln, die mit diesen Absichten kongruent ist. Dieses Handeln ist subtil und basiert auf Intuition und führt Sie zu Gelegenheiten und Synchronizitäten, die Sie Ihren Wünschen näher bringen. Es ist wichtig, das Bewusstsein und die Empfänglichkeit zu kultivieren, um diese Gelegenheiten zu erkennen und den Mut zu haben, zu handeln, wenn die Intuition den besten Weg anzeigt.

In der Kosmischen Spiritualität wird die bewusste Manifestation als eine natürliche Fähigkeit angesehen, als Ausdruck Ihrer Kraft als spirituelles Wesen. Indem Sie die Prinzipien der bewussten Manifestation verstehen und anwenden, transformieren Sie Ihr Leben und erschaffen eine Realität, die mit Ihrer höchsten Essenz übereinstimmt. Denken Sie daran, dass bewusste Manifestation Übung, Geduld und Ausdauer erfordert. Je tiefer Sie in diesen Prozess eintauchen, desto mehr werden Sie sich Ihrer Fähigkeit bewusst, Ihre Träume zu erschaffen und zu manifestieren.

28
Kreative Visualisierung

Die Praxis der kreativen Visualisierung ist die Kraft, sich auf Ihre gewünschte Realität zu konzentrieren. Kreative Visualisierung ist ein mächtiges Werkzeug, das es dir erlaubt, deine Vorstellungskraft und Energie darauf zu richten, deine tiefsten Wünsche zu manifestieren. Die Wesen des Lichts kennen das transformative Potenzial dieser Praxis und bieten wertvolle Anleitung, wie man sie einsetzt, um die gewünschte Realität zu schaffen.

Schöpferische Visualisierung ist die Fähigkeit, lebendige und detaillierte mentale Bilder zu formen, die deine gewünschte Realität darstellen. Wenn Sie mit Klarheit und Intensität visualisieren, aktivieren Sie die gleichen Gehirnzentren, die auch aktiviert würden, wenn Sie die Situation in Echtzeit erleben würden. Diese Übung stimuliert das Unterbewusstsein, das für die Beeinflussung Ihrer Überzeugungen, Gefühle und Ihres Verhaltens verantwortlich ist. Durch die wiederholte Visualisierung einer gewünschten Realität programmieren Sie Ihr Unterbewusstsein um, damit es diese Realität im bewussten Erleben manifestiert.

Um die kreative Visualisierung effektiv zu nutzen, ist es wichtig, sich darüber klar zu werden, was man manifestieren möchte. Das Setzen klarer und spezifischer Ziele hilft Ihnen, Ihre Energie und Aufmerksamkeit auf die gewünschte Manifestation zu lenken. Je detaillierter die Visualisierungen sind, desto kraftvoller werden sie. Beim Visualisieren können Sie nicht nur Bilder, sondern auch Empfindungen, Emotionen und sogar innere Dialoge einbeziehen, die mit der gewünschten Realität in Einklang stehen. Auf diese Weise erschaffen Sie eine vollständige, immersive Erfahrung in Ihrem Geist, die es Ihnen ermöglicht, diese Erfahrung in Ihrer äußeren Realität zu manifestieren.

Kreative Visualisierung erfordert Konzentration und Ausdauer. Es ist wichtig, sich jeden Tag Zeit dafür zu nehmen und eine friedliche und unterstützende Umgebung zu schaffen. Indem Sie sich der Visualisierung widmen und ihr Zeit und Energie widmen, zeigen Sie Absicht und Engagement für die Manifestation Ihrer Wünsche. Je konsequenter Sie sind, desto schneller werden Sie Ergebnisse sehen. Obwohl es normal ist, dass auf dem Weg dorthin Zweifel oder Hindernisse auftauchen, ist es wichtig, dass Sie sich auf Ihre gewünschte Realität konzentrieren.

Wie bereits erklärt, sind die kosmischen Energien, die in der Lage sind, das, was Sie sich wünschen, aus der energetischen Welt in die physische Welt zu bringen, untrennbar mit der Liebe verbunden, so dass eine Möglichkeit, Ihren Wunsch mit diesem Konzept in Einklang zu bringen, darin besteht, ihn auf das allgemeine Wohlbefinden zu projizieren.

Indem Sie das geistige Bild erschaffen, das mit dem Gemeinwohl verbunden ist, erwacht Ihr Unterbewusstsein zum Grundprinzip der Spiritualität, der Liebe, und fördert eine Veränderung Ihres Geisteszustandes, indem es Ihre Energie mit der Energie der Quelle in Einklang bringt, die alles aus Liebe erschafft.

Um dies verständlicher zu machen, nehmen wir an, dass die gewünschte Materialisierung eine Verbesserung Ihrer finanziellen Situation ist. In diesem Fall stellen Sie sich vor, wie Sie zum Gemeinwohl beitragen können, wenn diese Realität eintritt. Stellen Sie sich zum Beispiel vor, dass Sie an wohltätige Organisationen spenden, Medikamente für Bedürftige kaufen, medizinische Behandlungen für diejenigen finanzieren, die sie sich nicht leisten können, oder Lebensmittel für Hungernde spenden. Das mag wie eine egoistische Art und Weise erscheinen, das Ziel zu erreichen, aber diese Visualisierung bringt Ihren Wunsch, sich zu verwirklichen, mit dem Grundprinzip der Solidarität in Einklang, und das verändert Ihr Denkmuster. Zu denken, dass diese Art des Denkens egoistisch ist, bedeutet, dass Sie in vorgefertigten Mustern feststecken. Leider wurde 99 Prozent der

Menschen beigebracht, dass die Reichen das Himmelreich nicht erben werden, so dass sich ihr Unterbewusstsein gegen die Erreichung eines höheren Bewusstseinsniveaus wehrt. Sie müssen diese Bindungen überwinden, denn was würde aus dem Planeten werden, wenn alle arm wären?

Indem Sie auf diese Weise Ihre Wünsche manifestieren, die mit Großzügigkeit und Fürsorge für andere verbunden sind und zu einer liebevolleren und harmonischeren Welt beitragen, öffnen Sie die Verbindung mit der Energie, die alles erschafft.

Ein wesentlicher Bestandteil der kreativen Visualisierung ist die Einbeziehung positiver Emotionen, die mit der gewünschten Realität verbunden sind. Beim Visualisieren müssen Sie sich erlauben, die Gefühle von Freude, Dankbarkeit und Zufriedenheit zu empfinden, die Sie empfinden werden, wenn Sie diese Realität erleben. Emotionen sind eine kraftvolle Energieform und wirken wie Magnete, die ähnliche Erfahrungen anziehen. Je intensiver Sie diese positiven Emotionen während der Visualisierung empfinden, desto schneller werden Sie mit der gewünschten Realität in Einklang gebracht und desto eher sind Sie bereit, sie zu manifestieren.

Wenn Sie kreative Visualisierung praktizieren und sich auf Ihre gewünschte Realität konzentrieren, ist es wichtig, Vertrauen zu kultivieren und sich dem Universum hinzugeben. Seien Sie sich bewusst, dass eine größere kosmische Intelligenz im Spiel ist und dass Sie gemeinsam mit dieser Intelligenz schöpferisch tätig sind. Sie müssen darauf vertrauen, dass das Universum Sie immer unterstützt und zu Ihren Gunsten arbeitet, auch wenn sich die Ergebnisse nicht sofort so manifestieren, wie Sie es erwarten. Die Hingabe ermöglicht es, dass sich unerwartete Lösungen und höhere Wege offenbaren und Raum für eine Manifestation jenseits Ihrer Erwartungen geschaffen wird.

Kreative Visualisierung und Fokussierung auf die gewünschte Realität sind kraftvolle Praktiken in der Kosmischen Spiritualität. Durch sie können Sie Ihre Vorstellungskraft und Energie darauf richten, Ihre tiefsten Wünsche zu manifestieren. Indem Sie kreative Visualisierung mit Klarheit, Fokus, Ausdauer und positiven Emotionen praktizieren, richten Sie Ihren Geist und Ihr Herz auf die Realität aus, die Sie erschaffen möchten. Mit Vertrauen und Hingabe an das Universum erlauben Sie dem Prozess der Manifestation, sich auf magische und überraschende Weise zu entfalten.

29
Ermächtigende Manifestation

Kosmische Energie ist eine hohe Frequenz, die eine direkte Verbindung zum kosmischen Bewusstsein und seinen fortschrittlichen Technologien hat. Diese Energie ist ein mächtiger Verbündeter für die bewusste Manifestation von Wünschen. Indem Sie sich auf die kosmische Energie ausrichten, können Sie den Manifestationsprozess verstärken und beschleunigen und das, was Sie sich wünschen, in Ihre Realität bringen.

Um die Manifestation mit kosmischer Energie zu verbessern, ist es wichtig, eine bewusste Verbindung mit dieser Energie herzustellen. Dies können Sie durch Meditation, Visualisierung oder andere spirituelle Praktiken tun, die in diesem Buch bereits erwähnt wurden. Indem Sie sich auf die kosmische Energie einstimmen, öffnen Sie einen Kanal der Kommunikation und Zusammenarbeit mit den Wesen des Lichts und wissen, dass sie bereit sind, Ihre Manifestationsreise zu unterstützen.

Die kosmische Frequenz ist eine Frequenz der Liebe, Weisheit und schöpferischen Kraft. Um die Manifestation zu fördern, ist es wichtig, deine Schwingung zu erhöhen und dich auf diese Frequenz auszurichten. Dies können Sie erreichen, indem Sie positive Gedanken kultivieren, sich in Dankbarkeit üben, sich um Ihr körperliches und emotionales Wohlbefinden kümmern und eine klare, auf Ihre Wünsche ausgerichtete Absicht beibehalten. Je mehr Sie sich auf die kosmische Frequenz einstimmen, desto mehr harmonisieren Sie mit dem Fluss der Manifestation.

Vielleicht ist es nicht sehr aussagekräftig, von Frequenz zu sprechen, ohne den Unterschied zwischen dieser Frequenz und der allgemein bekannten Bedeutung des Begriffs zu erklären.

In didaktischen Begriffen bezieht sich die „Kosmische Frequenz" auf ein bestimmtes Energieniveau oder -muster oder eine Schwingung, die mit Konzepten wie Liebe, Weisheit und schöpferischer Kraft verbunden ist. In diesem spirituellen Kontext ist die Frequenz kein Maß für sich wiederholende Zyklen pro Zeiteinheit, wie wir es normalerweise in physikalischen Begriffen verstehen. Stattdessen ist es eine metaphorische Referenz, die den energetischen und emotionalen Zustand beschreibt, in dem Sie sich befinden.

Stellen Sie sich vor, dass jedes Gefühl, jeder Gedanke und jede Absicht eine „Schwingung" oder energetische Qualität hat. Zum Beispiel haben Gefühle wie Liebe und Dankbarkeit eine hohe, positive Schwingung, während Gefühle wie Ärger und Traurigkeit eine niedrigere, dichtere Schwingung haben. Die kosmische Frequenz stellt einen hohen Energiezustand dar, in dem Gefühle von Liebe, Weisheit und schöpferischer Kraft vorherrschen.

Der Unterschied zwischen diesem Frequenzbegriff und der physikalischen Frequenz besteht darin, dass die kosmische Frequenz nicht mit einem Zeitmaß oder einer Welle zusammenhängt, wie wir sie normalerweise assoziieren. Stattdessen beschreibt sie den emotionalen und energetischen Zustand einer Person und unterstreicht, wie wichtig es ist, positive Gedanken und Gefühle zu kultivieren, um sich mit dieser höheren Frequenz in Einklang zu bringen.

Um die Manifestation zu verbessern, d. h. um Ihre Wünsche und Absichten in die Tat umzusetzen, wird empfohlen, sich auf die kosmische Frequenz einzustimmen und Ihre Schwingung auf einen positiveren und harmonischeren Zustand anzuheben. Dies erreichen Sie, indem Sie sich in positiven Gedanken üben, für die guten Dinge im Leben dankbar sind, sich um Ihr körperliches und emotionales Wohlbefinden kümmern und sich klar auf Ihre Wünsche und Ziele konzentrieren.

Je mehr Sie sich auf die kosmische Frequenz ausrichten und einstimmen, desto mehr befinden Sie sich in Harmonie mit dem Fluss der Manifestation und desto wahrscheinlicher ist es, dass sich Ihre Absichten und Wünsche erfüllen werden. Dieser spirituelle Ansatz betont die Macht von Energie und Emotionen in Ihrem Leben und wie Sie diese lenken können, um eine positivere Realität zu schaffen, die mit Ihren Zielen übereinstimmt.

Die Wesen des Lichts sind dafür bekannt, dass sie Zugang zu den Kräften haben, die Manifestation und Heilung ermöglichen. Du kannst dich mit diesen Wesen energetisch und imaginativ verbinden, und du kannst diese Kräfte auch in Lichtformen visualisieren und sie nutzen, um deine Manifestationsprozesse zu verstärken. Diese Praxis stärkt Ihre Verbindung mit der kosmischen Energie und erhöht Ihre Manifestationskraft.

Um die kosmische Energie zu visualisieren und sich mit den Wesen des Lichts zu verbinden, können Sie sich in einer speziellen Heilkammer vorstellen. Schließen Sie die Augen und atmen Sie ein paar Mal tief durch, um sich zu entspannen und zu konzentrieren. Stellen Sie sich vor, dass Sie sich in einem Raum befinden, der von hellem weißen Licht umgeben ist, das die hochschwingende kosmische Energie repräsentiert.

Fühlen Sie sich in dieser kosmischen Heilkammer von einer liebevollen und kraftvollen Energie umhüllt, die die Manifestation Ihrer Wünsche beschleunigen kann. Spüren Sie, wie diese Energie jede Zelle Ihres Körpers durchdringt und Ihnen ein Gefühl von Ausgeglichenheit, Harmonie und Heilung vermittelt.

Stellen Sie sich vor, dass diese kosmische Energie auf Ihre tiefsten Wünsche und klaren Absichten eingestimmt ist. Stellen Sie sich vor, dass sich Ihre Ziele und Träume vor Ihren Augen materialisieren, als würden sie von einem Licht leicht und schnell in die Realität gebracht.

Fühlen Sie sich mit der Weisheit und der schöpferischen Kraft der kosmischen Energie verbunden und erlauben Sie ihr, Ihre Manifestationsprozesse zu verstärken. Fühlen Sie sich in diesem energetischen Raum sicher und zuversichtlich, weil Sie wissen, dass Sie Zugang zu den Kräften haben, die Ihre gewünschte Realität erschaffen.

Während Sie sich mit der kosmischen Energie verbinden, erkennen Sie, wie Ihre Manifestationskraft verstärkt wird. Fühlen Sie sich ermächtigt, Ihre authentischsten Wünsche zu verwirklichen und sie auf eine harmonische Weise zu manifestieren.

Halten Sie dieses geistige Bild so lange Sie wollen, nehmen Sie die kosmische Energie auf und fühlen Sie sich durch diese energetische Verbindung gestärkt. Wenn du deine Augen öffnest, nimm das Gefühl der Ermächtigung und Zuversicht mit, weil du weißt, dass du die Fähigkeit hast, deine Träume mit der Unterstützung der kosmischen Energie zu manifestieren.

Eine klare Absicht ist die Grundlage für eine bewusste Manifestation. Sie müssen sich darüber im Klaren sein, was Sie manifestieren wollen, und Ihre Absicht festhalten und auf dieses Ziel fokussieren. Durch die Arbeit mit kosmischer Energie können Sie Ihre Absicht verstärken, indem Sie ihr erlauben, von der Hochfrequenzenergie der Wesen des Lichts angetrieben zu werden. Es ist wichtig, sich daran zu erinnern, dass die Absicht auf das größere Wohl aller Beteiligten ausgerichtet sein muss.

Eine der vielen Möglichkeiten, den Zustand der bewussten Manifestation zu erreichen, besteht darin, nach einem Moment der Meditation ein geistiges Bild von dem zu erschaffen, was du manifestieren möchtest (wie bereits auf den vorherigen Seiten erklärt). Während Sie dieses Bild halten, öffnen Sie sich für die vorhandene kosmische Energie. Stellen Sie sich einen Strom strahlend weißen Lichts vor, der aus dem All kommt und Weisheit und Manifestationskraft mit sich bringt. Diese Energie umgibt Sie und erfüllt Sie mit einem Gefühl von Stärke und Entschlossenheit.

Erinnern Sie sich daran, dass die Manifestation Ihrer Wünsche Auswirkungen auf das Ganze haben kann, also suchen Sie immer das gemeinsame Wohl.

Bleiben Sie im gegenwärtigen Moment und vertrauen Sie auf den Fluss der kosmischen Energie, die im Einklang mit Ihrer Absicht arbeitet. Glauben Sie an Ihre Fähigkeit, Ihre Realität mitzugestalten, und wissen Sie, dass Sie mit Klarheit, Fokus und Ausrichtung auf dem richtigen Weg sind und Ihre Träume sich bewusst manifestieren werden.

Üben Sie diese energetische Verbindung mit klarer Absicht regelmäßig und erlauben Sie der kosmischen Energie, den Manifestationsprozess zu verstärken. In dem Maße, in dem du dir dieser kraftvollen Zusammenarbeit zwischen deiner Absicht und der kosmischen Energie bewusster wirst, kultivierst du eine sinnvolle Beziehung zur bewussten Manifestation.

Die Wesen des Lichts sind bereit, dich auf deiner Manifestationsreise zu unterstützen. Du kannst sie einladen, deine Partner bei der Schöpfung zu sein, indem du deine Wünsche und Ziele mit ihnen teilst und sie um ihre Hilfe bittest. Ihr könnt sie um Führung, Klarheit und Zeichen bitten, die euch helfen, den Weg der Manifestation zu gehen. Indem du diese Kommunikation öffnest und auf die Weisheit und Unterstützung der Wesen des Lichts vertraust, förderst du den Manifestationsprozess, der es ermöglicht, kreative und harmonische Lösungen in deiner Realität zu manifestieren.

Die Ermächtigung zur Manifestation mit kosmischer Energie ist eine Gelegenheit, den Prozess der bewussten Schöpfung zu beschleunigen. Indem Sie sich mit kosmischer Energie verbinden, erhöhen Sie Ihre Schwingung und richten sich auf eine Frequenz der Liebe, Weisheit und schöpferischen Kraft aus. Durch den Einsatz kosmischer Technologien stärken Sie Ihre Absicht und Klarheit und erschaffen gemeinsam mit den Wesen des Lichts, um Ihre höchsten Wünsche zu verwirklichen. Indem Sie diesen Ansatz in Ihre tägliche Praxis integrieren, erleben Sie eine schnellere, fließendere Manifestation, die mit Ihrer wahren Essenz im Einklang steht.

30
Ausgerichtete Ko-Schöpfung

Co-Kreation ist, wie bereits erwähnt, ein kraftvoller Prozess, bei dem Sie sich mit dem Universum verbinden, um Ihre Wünsche zu manifestieren und eine Realität zu erschaffen, die mit Ihrer Absicht übereinstimmt. Dazu müssen Sie erforschen, wer Sie sind, Ihre Werte, Leidenschaften und einzigartigen Gaben. Wenn Sie mit Ihrer Bestimmung im Einklang sind, sind Ihre Wünsche zur Manifestation eine natürliche Erweiterung dieser Verbindung. Indem Sie sich auf Ihr Ziel einstimmen, öffnen Sie den Raum für eine authentische und sinnvolle Mitgestaltung.

Klarheit über Ihre Wünsche ist ein grundlegender Aspekt der gemeinsamen Schöpfung. Dazu gehört, dass Sie herausfinden, was Sie wirklich manifestieren wollen. Bei der Vorstellung von Manifestation stellen wir uns gewöhnlich etwas Greifbares, Konkretes vor. Es ist jedoch wichtig, daran zu denken, dass Sie vielleicht größere spirituelle Klarheit, Wohlbefinden für sich selbst oder andere und sogar die Manifestation von Glück wünschen.

Es ist wichtig, dass Sie Ihre Wünsche in den Bereich des Möglichen lenken, nicht weil es Grenzen für das gibt, was Sie sich wünschen können, sondern um Frustration zu vermeiden. Wenn Sie sich zum Beispiel wünschen, dass ein Elefant mit den Flügeln schlägt, kann das in der Realität unerreichbar sein. Indem Sie Ihre Wünsche genau und detailliert beschreiben, erleichtern Sie die Kommunikation mit dem Universum. Die Klarheit Ihrer Wünsche lenkt Ihre Energie und Ihre Absicht auf das, was wirklich wichtig ist, so dass die Ko-Kreation im Einklang mit dem Universellen Fluss effektiver stattfinden kann.

Im Einklang mit dem Universellen Fluss zu sein bedeutet, mit dem natürlichen Energie- und Informationsfluss, der das Universum durchdringt, in Verbindung zu stehen. Es ist wie das Segeln auf einem Fluss von Möglichkeiten und Synchronizitäten. Um das Konzept des Universellen Flusses besser zu verstehen, denken Sie an die Analogie einer Strömung: Wenn Sie sich mit ihr in Einklang bringen, werden Sie sanft und ohne Anstrengung in dieselbe Richtung getragen wie der Fluss des Wassers.

Stellen Sie sich vor, dass Sie Teil eines riesigen vernetzten Systems sind, in dem alles in ständiger Bewegung und Interaktion ist. In diesem System gibt es eine größere Intelligenz, eine göttliche Ordnung, die alle

Ereignisse und Umstände lenkt und koordiniert. Diese kosmische Ordnung ist der Universelle Fluss, die Strömung.

Im Einklang mit dem Universellen Fluss zu sein bedeutet, mit der größeren Intelligenz im Einklang zu sein und darauf zu vertrauen, dass alles zur richtigen Zeit und auf die richtige Weise geschieht. Das bedeutet nicht, dass Sie keinen freien Willen haben, sondern vielmehr, dass Ihre Entscheidungen von einer größeren Weisheit geleitet werden, die mit dem Ganzen in Einklang steht.

Um sich mit dem Universellen Fluss in Einklang zu bringen, ist es wichtig, das Bewusstsein für den gegenwärtigen Moment zu kultivieren. Seien Sie offen und empfänglich für das, was in Ihrem Leben geschieht, und achten Sie auf die Chancen und Signale, die das Universum Ihnen sendet. Dazu ist es notwendig, präsent und bewusst zu sein und Sorgen der Vergangenheit oder Zukunftsängste loszulassen.

Ein weiterer grundlegender Aspekt ist, sich selbst und seiner Intuition zu vertrauen. Manchmal kann der Universelle Fluss eine Herausforderung darstellen oder Sie auf unerwartete Wege führen, aber vertrauen Sie darauf, dass alles zu Ihrem Wachstum und Lernen beiträgt. Glauben Sie an Ihre Fähigkeit, mit den auftretenden Situationen umzugehen und Entscheidungen im Einklang mit Ihren Zielen und Werten zu treffen.

Ko-Kreation in Harmonie mit dem Universellen Fluss ist mehr als nur die Manifestation Ihrer persönlichen Wünsche; es geht darum, ein sinnvolles Leben zu schaffen, das mit dem Ganzen im Einklang steht. Dies erfordert die Demut zu erkennen, dass Sie Teil von etwas Größerem sind und dass Ihre Reise mit anderen Menschen, dem Planeten und dem physischen und extraphysischen Universum verbunden ist.

Üben Sie sich in Dankbarkeit und Akzeptanz und erkennen Sie, dass alles, was in Ihrem Leben geschieht, Teil eines größeren Plans ist. Wenn Sie in Harmonie mit dem universellen Fluss leben, erleben Sie Fließen, Sinn und Wohlbefinden und werden zu einem bewussten Mitschöpfer Ihrer eigenen Realität.

Vertrauen ist ein Schlüsselelement der Ko-Kreation. Sie müssen dem Prozess und der Kraft des Universums vertrauen, um Ihre Wünsche zu lenken und zu manifestieren. Dazu gehört, dass man das Bedürfnis nach Kontrolle loslässt und bereit ist, sich dem Fluss des Lebens, dem Strom, hinzugeben. Wenn du vertraust und dich hingibst, öffnest du Raum für die Ko-Kreation, die sich auf magische und überraschende Weise entfalten kann.

Auch wenn es bei der Ko-Kreation darum geht, auf die Macht des Universums zu vertrauen, ist es auch wichtig, inspirierte Handlungen in Richtung Ihrer Wünsche zu unternehmen. Diese Handlungen werden von der Intuition geleitet und sind auf einen bestimmten

Zweck ausgerichtet. Indem Sie auf inspirierte Weise handeln, zeigen Sie Ihr Engagement und Ihren Wunsch, Ihre Realität mit zu erschaffen. Erinnern Sie sich daran, dass die Ko-Schöpfung eine Zusammenarbeit zwischen Ihnen und dem Universum ist, und beide Parteien spielen eine aktive Rolle in diesem Prozess.

Dankbarkeit ist für die Ko-Schöpfung von grundlegender Bedeutung. Wenn Sie Dankbarkeit für das ausdrücken, was Sie bereits haben und für die Manifestationen, die auf dem Weg sind, stimmen Sie Ihre Schwingung auf die Kraft der Liebe und Wertschätzung ein. Dankbarkeit stärkt auch Ihre Verbindung mit dem Universum und versetzt Sie in einen Zustand des Empfangens, der es der Ko-Schöpfung ermöglicht, harmonisch und in Fülle zu fließen.

Ko-Kreation, die auf Zweck und Harmonie ausgerichtet ist, ist ein kraftvoller Weg, Wünsche zu manifestieren und eine sinnvolle Realität zu schaffen. Indem du dich mit deiner Absicht verbindest, klärst du deine Wünsche. Im Einklang mit dem universellen Fluss vertrauen Sie und geben sich hin, ergreifen inspirierte Maßnahmen und bringen Dankbarkeit zum Ausdruck und schaffen so Raum für den Fluss der Mitschöpfung in Ihrem Leben.

31
Ebenen des Bewusstseins

Kosmische Spiritualität ist ein Ansatz, der die Existenz mehrerer Bewusstseinsebenen und die Bedeutung ihrer Erforschung auf der spirituellen Reise anerkennt. Es ist wichtig, dass Sie in Ihrem Verständnis vorankommen, um zu erkennen, wie diese Bewusstseinsebenen mit Ihrer Lebenserfahrung zusammenhängen.

Die grundlegendste Bewusstseinsebene ist das Alltagsbewusstsein, das sich auf alltägliche Aufgaben und Herausforderungen konzentriert. In diesem Zustand sind Sie hauptsächlich mit Ihren körperlichen Bedürfnissen, Emotionen und sozialen Interaktionen beschäftigt. Obwohl diese Bewusstseinsebene für die Bewältigung der praktischen Anforderungen des Lebens notwendig ist, neigt sie dazu, begrenzt und oberflächlich zu sein.

Jenseits des Alltagsbewusstseins gibt es die Ebene des Selbstbewusstseins, auf der Sie beginnen, Ihre

Identität und Ihren tieferen Sinn zu hinterfragen. Auf dieser Stufe werden Sie sich Ihrer selbst als einzigartiges Wesen bewusst, das seine Beziehung zur Welt um Sie herum zu verstehen sucht. Selbstreflexion und Selbsterkenntnis sind Schlüsselaspekte dieser Bewusstseinsebene.

Auf der anderen Seite ist das erweiterte Bewusstsein eine höhere Stufe, auf der Sie beginnen, Ihre individuelle Identität zu transzendieren und sich mit einem breiteren, universelleren Bewusstsein zu verbinden. In diesem Zustand erleben Sie ein Gefühl der Einheit mit allem, was existiert, und erkennen, dass Sie Teil eines zusammenhängenden Ganzen sind. Praktiken wie Meditation, Kontemplation und veränderte Bewusstseinszustände helfen Ihnen, diese erweiterte Ebene zu erreichen und zu erforschen.

Auf der höchsten Bewusstseinsebene, die als kosmisches Bewusstsein bezeichnet wird, sind Sie in der Lage, sich mit der Weisheit und Intelligenz des Universums zu verbinden. Es gibt viele Namen für diese Weisheit, einige Religionen nennen sie Gott. In diesem Zustand erfahren Sie ein tiefes Verständnis der Natur und der Realität und überschreiten die Grenzen von Zeit und Raum. Auf dieser Ebene haben Sie Zugang zu Informationen und Einsichten, die über das rationale Verständnis hinausgehen, und Sie haben eine klarere Vorstellung von Ihrer spirituellen Bestimmung.

In der Kosmischen Spiritualität ist das Bewusstsein ein Zustand, der mit den Prinzipien und Lehren übereinstimmt, die von den Wesen des Lichts übermittelt wurden. Dieses Bewusstsein legt den Schwerpunkt auf Mitgefühl, Heilung, kosmische Weisheit und den Dienst an anderen. Es ist ein Bewusstseinszustand, der dich mit der Energie und Schwingungsfrequenz der Wesen des Lichts verbindet und dir erlaubt, Führung und Unterstützung auf deiner spirituellen Reise zu erhalten.

Das Erforschen der verschiedenen Bewusstseinsebenen der Kosmischen Spiritualität bietet die Möglichkeit zu Wachstum, Ausdehnung und Ausrichtung auf Ihre wahre spirituelle Natur. Je tiefer Sie in diese Erkundung eintauchen, desto mehr Klarheit, inneren Frieden und Verbundenheit mit etwas, das größer ist als Sie selbst, erfahren Sie.

32
Erweiterung des Bewusstseins

Die Erweiterung des Bewusstseins ist ein zentrales Thema in der Kosmischen Spiritualität, die die Bedeutung der Bewusstseinserweiterung anerkennt, um ein tiefes Verständnis für sich selbst, andere und die Welt um einen herum zu erlangen. Daher ist es wichtig, die Bewusstseinserweiterung sowohl auf individueller als auch auf kollektiver Ebene eingehend zu erforschen und ihre Bedeutung und ihren Nutzen auf der spirituellen Reise für die Evolution der Menschheit als Ganzes hervorzuheben.

Die Erweiterung des individuellen Bewusstseins bezieht sich auf den Prozess, Wahrnehmung und Verständnis über die Grenzen des Alltagsbewusstseins hinaus zu erweitern. Dazu gehört das Streben nach Selbsterkenntnis, das Erforschen von Glaubenssätzen und Denkmustern und die Öffnung für neue Perspektiven und Möglichkeiten. Durch die Erweiterung des individuellen Bewusstseins erfahren Sie eine größere Zielstrebigkeit, eine Verbindung mit Ihrer spirituellen Essenz und eine umfassendere Sicht des Lebens.

Die Erweiterung des individuellen Bewusstseins ist ein faszinierender und transformativer Weg, der es Ihnen ermöglicht, die Tiefen Ihres Wesens zu erforschen, das sich mit der Weite des Universums verbindet. Eine der kraftvollsten Möglichkeiten, sich auf diese Reise zu begeben, ist die regelmäßige Praxis der Meditation. Meditation ist eine Technik, die zu einem Zustand geistiger Stille führt und es Ihnen ermöglicht, Gedanken zu transzendieren, indem Sie in einen Raum der reinen Präsenz eintauchen.

Während der Meditation werden Sie zu einem aufmerksamen Beobachter Ihres Geistes, der Gefühle und körperliche Empfindungen wahrnimmt, ohne zu urteilen oder sich daran zu binden. Indem Sie die geistige Unruhe beruhigen, öffnen Sie den Raum für eine größere intuitive Wahrnehmung und erhalten Zugang zu der inneren Weisheit, die im Lärm des Alltags oft untergeht. Diese Praxis erweitert nicht nur das individuelle Bewusstsein, sondern wirkt sich auch positiv auf die geistige und emotionale Gesundheit aus, indem sie Stress abbaut und die geistige Klarheit erhöht.

Neben der Meditation sind auch die Beschäftigung mit verschiedenen spirituellen Traditionen und das Studium von Philosophien wertvolle Hilfsmittel zur Bewusstseinserweiterung. Jede spirituelle Tradition bietet einzigartige Perspektiven auf das Leben, den Sinn und die Verbindung mit dem Göttlichen. Wenn Sie in verschiedene spirituelle Lehren eintauchen, können Sie Inspiration, tiefes Verständnis und Antworten auf Ihre eigenen existenziellen Fragen finden.

Es ist jedoch wichtig, sich daran zu erinnern, dass die Erweiterung des Bewusstseins ein fortlaufender und persönlicher Prozess ist. Jeder Mensch hat seinen eigenen Rhythmus. Es ist wichtig, offen und empfänglich zu sein und dem eigenen Bewusstsein zu erlauben, sich auf natürliche Weise zu erweitern. Regelmäßige Meditationspraxis und das Erforschen verschiedener spiritueller Traditionen und Philosophien sind nur einige der möglichen Wege zu diesem Wachstum.

Indem Sie Ihr individuelles Bewusstsein erweitern, öffnen Sie sich für neue Perspektiven und ein tieferes Verständnis und stellen eine engere Verbindung mit dem Universum und mit sich selbst her. Diese Reise der Erweiterung ist bereichernd und transformativ und führt Sie zu einem bewussteren, mitfühlenderen und mit der Größe der Existenz verbundenen Zustand.

Nicht nur das individuelle Bewusstsein, sondern auch das kollektive Bewusstsein kann erweitert werden. Kollektives Bewusstsein bezieht sich auf die Energie und das Bewusstsein, das eine Gruppe von Individuen oder sogar die Menschheit als Ganzes teilt. Wenn viele Menschen mit einem gemeinsamen Ziel zusammenkommen, erhöhen sie ihr Bewusstsein, indem sie eine starke Synergie schaffen, die sich positiv auf das Bewusstsein aller auswirkt.

Die Erweiterung des kollektiven Bewusstseins beinhaltet die Schaffung eines größeren Bewusstseins der Einheit, des Mitgefühls und der Zusammenarbeit. Es ist die Erkenntnis, dass alle Menschen miteinander verbunden sind und dass unsere Handlungen und Gedanken eine Wirkung haben, die über uns selbst hinausgeht. Durch die Anhebung des kollektiven Bewusstseins werden Heilung, Transformation und spirituelles Erwachen auf globaler Ebene gefördert.

Gruppenmeditation, spirituelle Verbindungsrituale und die Teilnahme an bewussten Gemeinschaften sind einige der Möglichkeiten, wie Sie zur Erweiterung des kollektiven Bewusstseins beitragen können. Darüber hinaus spielt die Verbreitung von Wissen, positiven Werten und mitfühlenden Haltungen eine grundlegende Rolle bei der Transformation des kollektiven Bewusstseins.

Die Erweiterung des Bewusstseins, sowohl des individuellen als auch des kollektiven, bringt zahlreiche Vorteile für die spirituelle Reise und für die Entwicklung der Menschheit als Ganzes. Einige dieser Vorteile sind

Größere Klarheit und mehr Verständnis für die eigene spirituelle Essenz;

Entwicklung einer umfassenderen Vision des Lebens und des persönlichen Zwecks;

Vertiefung der zwischenmenschlichen Beziehungen und bedeutungsvollere Beziehungen;

Ein Gefühl von innerem Frieden und Harmonie;

Fähigkeit, mit Herausforderungen und Widrigkeiten besser umzugehen;

Größeres Einfühlungsvermögen und Mitgefühl für andere;

Beitrag zur Schaffung einer bewussteren und harmonischeren Welt.

Die Erweiterung des individuellen und kollektiven Bewusstseins geschieht nicht über Nacht. Sie ist ein kontinuierlicher Prozess des Wachstums, des Lernens und der Selbstentdeckung. Es erfordert Hingabe, Übung und Offenheit, um die Grenzen des herkömmlichen Bewusstseins zu überschreiten. Wenn Sie sich auf diese Reise der Bewusstseinserweiterung einlassen, bereichern Sie nicht nur Ihr eigenes Leben, sondern tragen auch zur Evolution der Menschheit als Ganzes bei.

Die Erweiterung des Bewusstseins ermöglicht den Zugang zu höheren Wahrnehmungszuständen, das Verständnis Ihrer wahren spirituellen Essenz und trägt so zur Evolution der Menschheit bei. Dieses Buch ist eine Einladung an Sie, Ihre Reise der Bewusstseinserweiterung fortzusetzen, indem Sie die Vorteile dieser Erfahrung mit der Welt um Sie herum teilen.

33
Höhere Dimensionen und Wesen des Lichts

Die Kosmische Spiritualität spricht von der Existenz höherer Dimensionen, die von Lichtwesen bewohnt werden. Lassen Sie uns also die Bedeutung und den Nutzen der Verbindung mit diesen Dimensionen erforschen und Praktiken kennen lernen, die Ihnen auf dieser Reise helfen werden.

Der Kosmischen Spiritualität zufolge besteht das Universum aus vielen anderen Dimensionen als der physischen, in der ihr lebt. Diese höheren Dimensionen sind Reiche höheren Bewusstseins, in denen die Energie subtiler ist und die Gesetze der Realität sich von denen unterscheiden, die Sie auf Ihrer irdischen Ebene erfahren.

Sich mit den höheren Dimensionen zu verbinden bedeutet, sich der Möglichkeit zu öffnen, mit Wesen des Lichts, Geistführern und anderen Bewusstseinsformen, die in diesen Dimensionen leben, in Kontakt zu treten.

Diese Verbindung bringt Einsichten, spirituelle Führung und ein größeres Gefühl für das Ziel der Reise.

Die Wesen des Lichts sind spirituelle Wesen, die die höheren Dimensionen bewohnen und sich durch Weisheit, bedingungslose Liebe und den Wunsch auszeichnen, der Menschheit zu helfen, spirituell zu wachsen. Diese Wesen treten in verschiedenen Formen auf, z. B. als Engel, Erzengel, aufgestiegene Meister oder geistige Führer.

Die Verbindung mit den Wesen des Lichts ist eine Quelle der Inspiration, der Heilung und der Unterstützung auf dem spirituellen Weg. Sie bieten Führung, Schutz und Hilfe bei spirituellen Praktiken. Indem du eine bewusste Beziehung zu diesen Wesen aufbaust, öffnest du Türen, um Botschaften, Weisheit und liebevolle Energie zu empfangen.

Es gibt verschiedene Praktiken, die Ihnen dabei helfen, sich mit den höheren Dimensionen und den Wesen des Lichts zu verbinden, darunter auch die Meditation. Wenn du dich regelmäßig der Meditation widmest, stärkst du deine spirituelle Verbindung und öffnest die Türen zur Kommunikation mit den Wesen des Lichts.

Durch kreative Visualisierung kannst du einen heiligen Raum in deinem Geist erschaffen und Lichtwesen einladen, dich auf deiner Reise zu unterstützen. Du kannst dir vorstellen, dass du dich an einem friedlichen und sicheren Ort befindest, und dir dann die klare Absicht setzen, dich mit den Lichtwesen zu verbinden, um Führung zu erhalten.

Die Entwicklung von Intuition und energetischer Wahrnehmung hilft dir, die Anwesenheit von Lichtwesen zu erkennen und ihre Botschaften zu empfangen. Indem du dich im inneren Lauschen übst und dich auf die subtilen Energien um dich herum einstimmst, wirst du empfänglicher für die Führung, die du erhältst.

Das Durchführen von Ritualen und heiligen Zeremonien schafft einen günstigen Raum für die Verbindung mit höheren Dimensionen. Sie können einen Altar errichten, Kerzen anzünden, Räucherwerk verbrennen oder Gebete und Anrufungen sprechen, um die Wesen des Lichts einzuladen, Sie in diesen besonderen Momenten zu begleiten.

Indem du eine bewusste Verbindung mit den höheren Dimensionen und den Lichtwesen aufbaust, erfährst du eine Reihe von Vorteilen. Die Wesen des Lichts bieten dir Führung, Einsichten und spirituelle Weisheit, die dir auf deiner evolutionären Reise helfen.

Die Verbindung mit den Wesen des Lichts erleichtert emotionale, mentale und spirituelle Heilungsprozesse und löst einschränkende Muster auf, so dass Sie einen Zustand des Gleichgewichts und der Erfüllung erreichen können.

Wesen des Lichts strahlen bedingungslose Liebe aus, und wenn du dich mit ihnen verbindest, erfährst du diese tiefe und transformierende Liebe in deinem Leben.

Die Verbindung mit höheren Dimensionen und Wesen des Lichts hilft dir zu entdecken, wie du deinem höchsten Ziel entsprechend leben kannst, und gibt dir Orientierung und Klarheit über den zu beschreitenden Weg.

Die Verbindung mit höheren Dimensionen und Lichtwesen ist ein wesentlicher Bestandteil der kosmischen Spiritualität. Indem du dich für diese subtilen Dimensionen öffnest und eine bewusste Beziehung zu den Wesen des Lichts aufbaust, erhältst du spirituelle Führung, Heilung und Transformation auf deiner persönlichen Reise. Dieses Buch lädt dich ein, diese Praktiken zu erforschen, indem du deine eigene Verbindung mit den höheren Dimensionen und den Wesen des Lichts entwickelst und deinem Leben erlaubst, von der Weisheit und Liebe der höheren Dimensionen geleitet zu werden.

34
Spirituelle DNA

Das Erwachen des kosmischen Bewusstseins

Die Kosmische Spiritualität kennt das menschliche Potenzial zur Aktivierung der spirituellen DNA und zum Erwachen des kosmischen Bewusstseins. In diesem Prozess können Sie sich auf Praktiken einlassen, die diese Aktivierung für die Erweiterung des Bewusstseins stimulieren.

Der Kosmischen Spiritualität zufolge ist die spirituelle DNA ein Aspekt unseres genetischen Codes, der Informationen spiritueller und multidimensionaler Natur enthält. Diese DNA besteht aus mehreren Strängen zusätzlich zu den beiden physischen Strängen, die die konventionelle Wissenschaft anerkennt.

Im Laufe der Zeitalter war die spirituelle DNA der Menschheit weitgehend inaktiv, was unsere Wahrnehmung der Realität und unser Potenzial als spirituelle Wesen einschränkte. Mit der Evolution des menschlichen Bewusstseins besteht jedoch die Möglichkeit, diese Fäden zu reaktivieren, so dass wir Zugang zu erweiterten Bewusstseinszuständen erhalten und die Realität auf eine umfassende und tiefgreifende Weise erfahren können.

Wie oben erläutert, bezieht sich das Erwachen des kosmischen Bewusstseins auf die Erweiterung der Wahrnehmung über die Grenzen des individuellen Selbst und der physischen Realität hinaus. Es ist die Fähigkeit, sich mit dem Universum zu verbinden und die Verbindung mit ihm zu erkennen, sich selbst als Teil eines riesigen Netzes von Energie und Bewusstsein zu verstehen.

Dieses Erwachen ermöglicht den Zugang zu Informationen und Weisheit, die über das konventionelle Wissen hinausgehen, und eröffnet die Kommunikation mit Lichtwesen, Geistführern und kosmischen Intelligenzen, so dass Sie Zustände der Einheit, der bedingungslosen Liebe und des erweiterten Bewusstseins erfahren.

Es gibt verschiedene Praktiken, die dabei helfen, die spirituelle DNA zu aktivieren und das kosmische Bewusstsein zu erwecken.

Meditation ist ein mächtiges Werkzeug, das den Geist beruhigt und die Verbindung zu Ihrer spirituellen Essenz öffnet. Durch die Praxis der Meditation gelangen Sie in einen Zustand erweiterten Bewusstseins, in dem die Energie frei fließen kann und die Aktivierung der spirituellen DNS gefördert wird.

Kreative Visualisierung kann auch dazu dienen, Sie mit Bildern und Symbolen zu verbinden, die Ihre Verbindung mit dem Kosmos darstellen.

Zeit in der Natur zu verbringen ist ebenfalls eine effektive Möglichkeit, sich mit dem natürlichen Fluss des Lebens zu verbinden, indem man sich auf die kosmischen Energien einstimmt. Ein Spaziergang im Wald, eine Meditation im Freien oder einfach der Kontakt mit der Schönheit der Natur erinnern Sie an Ihre Verbindung zum Universum und wecken das kosmische Bewusstsein in Ihnen.

Klänge, Mantras und Musik mit bestimmten Frequenzen werden verwendet, um die Energie der spirituellen DNA zu stimulieren und zu wecken. Heilige Klänge wie OM erzeugen Resonanz in Ihrem System, indem sie schlafende Teile der spirituellen DNS aktivieren.

Die Erweckung des kosmischen Bewusstseins bringt eine Reihe von Vorteilen für Ihr Leben und Ihre spirituelle Entwicklung mit sich. Einige dieser Vorteile sind:

Erweiterung der Wahrnehmung:

Wenn Sie zum kosmischen Bewusstsein erwachen, erweitert sich Ihre Wahrnehmung über die

Grenzen des individuellen Selbst hinaus und erlaubt Ihnen, sich mit allen Dingen zu verbinden und die multidimensionale Natur der Realität zu verstehen.

Wenn Sie sich dem kosmischen Bewusstsein öffnen, haben Sie Zugang zu Informationen und Weisheit, die über das konventionelle Wissen hinausgehen. Dies ermöglicht es Ihnen, Entscheidungen zu treffen, die mehr mit Ihrer Bestimmung übereinstimmen, indem Sie Führung von höheren Quellen erhalten.

Das Erwachen des kosmischen Bewusstseins verbindet Sie mit der Essenz der bedingungslosen Liebe und ermöglicht es Ihnen, diese Liebe vollständiger und mitfühlender zu erfahren und zu teilen.

Durch die Erweiterung des kosmischen Bewusstseins steigern Sie auch Ihre Fähigkeit, Ihre Wünsche absichtlich zu manifestieren und die Realität zu erschaffen, die mit Ihrem höchsten Ziel übereinstimmt.

Die Aktivierung der spirituellen DNA und die Erweckung des kosmischen Bewusstseins sind grundlegende Prozesse. Indem Sie sich für die höheren Dimensionen Ihrer Existenz öffnen, erweitern Sie Ihre Wahrnehmung, erhalten Zugang zu höherer Weisheit und Führung, erfahren bedingungslose Liebe und manifestieren bewusst Ihre gewünschte Realität.

35
Integration der Bewusstseinsausweitung

Die Erweiterung des Bewusstseins (wie auf den vorherigen Seiten beschrieben) ist ein grundlegender Aspekt der spirituellen Reise. Wenn Sie sich für höhere Ebenen der Wahrnehmung und des Verständnisses öffnen, können Sie die Realität auf eine tiefere und bedeutungsvollere Weise erfahren.

Bewusstseinserweiterung bedeutet, dass Sie Ihre Wahrnehmung und Ihr Verständnis der Realität erweitern. Wenn Sie sich über die Grenzen des gewöhnlichen Bewusstseins hinausbewegen, erhalten Sie Zugang zu Informationen, Einsichten und Erfahrungen, die jenseits des Verständnisses Ihres begrenzten Selbst liegen.

Diese Erweiterung geschieht durch spirituelle Praktiken, Meditation, Verbindung mit der Natur, transformative Begegnungen oder Erfahrungen der Transzendenz. In dem Maße, in dem sich Ihr Bewusstsein erweitert, erleben Sie eine stärkere

Verbindung mit dem Göttlichen, ein Gefühl der Einheit mit dem Ganzen und ein tieferes Verständnis für Ihren Lebenszweck und -sinn.

Obwohl die Erweiterung des Bewusstseins eine kraftvolle Erfahrung ist, ist es ebenso wichtig, diese Erweiterung in das tägliche Leben zu integrieren. Bei der Integration geht es darum, die Erkenntnisse, Lehren und Erfahrungen aus der Bewusstseinserweiterung in den Alltag einzubringen und ihnen zu erlauben, Ihre Handlungen, Entscheidungen und Interaktionen zu verändern.

Ohne angemessene Integration wird die Bewusstseinserweiterung zu einer isolierten Erfahrung, die von der Realität abgekoppelt ist. Wahre Transformation findet statt, wenn Sie diese neuen Perspektiven in Ihre Lebensweise integrieren, indem Sie sie in Ihre Beziehungen, Ihre Arbeit, Ihre spirituellen Praktiken und Ihren Lebensstil einbeziehen.

Es gibt verschiedene Praktiken, die Ihnen helfen, die Bewusstseinserweiterung in Ihre spirituelle Reise zu integrieren.

Nehmen Sie sich regelmäßig Zeit, um über Ihre bewusstseinserweiternden Erfahrungen nachzudenken. Fragen Sie sich, wie diese Erfahrungen in Ihrem Leben angewendet werden können. Überlegen Sie, welche Erkenntnisse und Lehren Sie in Ihre Interaktionen,

Entscheidungen und spirituellen Praktiken einbringen können.

Nutzen Sie Verankerungspraktiken, um die Bewusstseinserweiterung in den physischen Körper und den gegenwärtigen Moment zu bringen. Beispiele dafür sind die Verwurzelungsmeditation, bewusste Atemübungen, Spaziergänge in der Natur oder andere Aktivitäten, die Ihnen helfen, sich mit Ihrem Körper und dem Hier und Jetzt zu verbinden.

Viele der im vorigen Absatz genannten Möglichkeiten wurden bereits auf früheren Seiten behandelt, aber ich denke, es ist wichtig, auf die Verankerung und Verwurzelung näher einzugehen, damit Sie das Thema vollständig verstehen.

Verankerung ist eine Praxis, die darauf abzielt, die Erweiterung des Bewusstseins in den physischen Körper und den gegenwärtigen Moment zu bringen. Es ist ein Weg, sich mit der Realität im Hier und Jetzt zu verbinden.

Um Verankerung zu praktizieren, können Sie die folgenden Schritte befolgen:

Suchen Sie sich einen ruhigen, bequemen Platz zum Sitzen oder Stehen.

Schließen Sie die Augen und atmen Sie ein paar Mal tief durch, um sich zu entspannen und Ihren Geist zu beruhigen.

Richten Sie Ihre Aufmerksamkeit auf Ihre Atmung und beobachten Sie, wie die Luft ein- und ausströmt.

Lenken Sie dann Ihre Aufmerksamkeit auf die Berührungspunkte zwischen Ihrem Körper und dem Boden oder der Oberfläche, auf der Sie stehen. Spüren Sie das Gefühl von Halt und Stabilität, das der Kontakt mit dem Boden vermittelt.

Während Sie sich auf die Berührungspunkte konzentrieren, stellen Sie sich Wurzeln vor, die aus Ihrem Körper kommen und bis zum Erdkern reichen.

Bleiben Sie einige Minuten bei diesem Gefühl der Verbundenheit und fühlen Sie sich im gegenwärtigen Moment verankert.

Die Verankerung ist eine einfache und kraftvolle Technik, die täglich praktiziert werden kann, um inmitten der Hektik des Alltags Ruhe, Ausgeglichenheit und Präsenz zu finden.

Rooting hingegen ist eine ähnliche Praxis, die sich jedoch stärker auf die Verbindung mit der Erde und der Energie der Natur konzentriert. Es ist eine Möglichkeit, sich verwurzelt, sicher und mit der Energie der Erde verbunden zu fühlen.

Um die Verwurzelung durchzuführen, gehen Sie folgendermaßen vor:

Suchen Sie sich zunächst einen ruhigen, bequemen Platz zum Sitzen oder Stehen.

Schließen Sie die Augen und atmen Sie ein paar Mal tief durch, um Ihren Körper zu entspannen und Ihren Geist zu beruhigen.

Stellen Sie sich vor, dass von der Basis Ihrer Wirbelsäule oder Ihrer Füße tiefe Wurzeln in Richtung des Erdkerns wachsen.

Spüren Sie, wie sich diese Wurzeln ausdehnen und sich mit der Energie der Erde verflechten, wie die Wurzeln eines Baumes.

Visualisieren Sie die nährende und kraftvolle Energie der Erde, die durch Ihre Wurzeln aufsteigt und Ihren ganzen Körper mit einem Gefühl von Sicherheit und Stabilität erfüllt.

Verbleiben Sie einige Minuten in dieser Visualisierung und halten Sie das Gefühl der Verwurzelung aufrecht, indem Sie in Verbindung und im Gleichgewicht mit der Erde sitzen.

Die Verwurzelung ist eine Technik, die dich mit der Energie der Natur verbindet und dich an deine Verbindung mit der Welt um dich herum erinnert. Es ist eine kraftvolle Praxis, die Sie inmitten der Veränderungen und Herausforderungen des Lebens zentriert und verwurzelt hält. Indem du dich verwurzelst, erkennst du, dass die Erde die Wiege des physischen Lebens ist, der einzige Ort, an dem sich das Physische und das Spirituelle auf bewusste Weise manifestieren. Denken Sie daran, dass Ihr physischer Körper der Erde gehört und Sie zu ihr zurückkehren werden.

Bei diesem Verwurzelungsprozess stellen Sie eine tiefe Verbindung mit der Erde her, genau wie die Wurzeln eines Baumes, die sich im Boden ausbreiten und verflechten. Diese Verbindung nährt und stärkt deine Energie und gibt dir ein Gefühl von Sicherheit und Stabilität auf deiner spirituellen Reise.

Indem du dir deine Verbindung mit der Erde bewusst machst, erkennst du, wie wichtig es ist, die Natur zu ehren und zu respektieren, da sie die Grundlage allen physischen Lebens ist. Dieses Bewusstsein erinnert dich an deine Verantwortung, für deine Umwelt und alle Lebensformen, die sie bewohnen, zu sorgen.

Regelmäßiges Üben von Verwurzelung bringt ein Gefühl von innerem Frieden, Ausgeglichenheit und Verbindung mit der Gegenwart. Wenn Sie sich verwurzelt fühlen, sind Sie besser darauf vorbereitet, den Herausforderungen des Lebens mit Klarheit und Zuversicht zu begegnen. Indem Sie mit Ihrer Essenz und Ihrer Bestimmung verbunden bleiben, verbinden Sie sich mit dem, was Ihnen Leben gibt.

36
Harmonie der Natur mit dem Universum

In Harmonie mit der Natur und dem Universum zu leben, ist für viele spirituell Suchende eine tiefe und sinnvolle Suche. Ihre Verbindung mit der Natur und dem Kosmos ist von Natur aus gegeben, und wenn Sie diese Verbindung erkennen und ehren, erfahren Sie ein tiefes Gefühl der Zugehörigkeit und des Gleichgewichts.

Einer der ersten Schritte zu einem Leben in Harmonie mit der Natur und dem Universum besteht darin, die Verbundenheit von allem zu erkennen. Machen Sie sich bewusst, dass Sie ein integraler Bestandteil des riesigen Gefüges des Lebens sind und dass jedes Lebewesen und jedes natürliche Element eine wichtige Rolle in diesem interdependenten Netz spielt. Indem Sie dieses Bewusstsein annehmen, entwickeln Sie Respekt für alle Formen des Lebens und für das ökologische Gleichgewicht.

Dankbarkeit ist eine kraftvolle spirituelle Praxis, die hilft, ein Gefühl der Wertschätzung und

Verbundenheit zu kultivieren. Nehmen Sie sich jeden Tag Zeit, um Ihre Dankbarkeit für die Schönheit und Fülle der Natur um Sie herum auszudrücken. Dies kann durch ein einfaches Innehalten geschehen, um die Landschaft zu bewundern, sich für die Lebensmittel zu bedanken, die Sie essen, oder sogar ein Dankbarkeitstagebuch zu schreiben, das der Natur gewidmet ist. Diese Praxis der Dankbarkeit schafft eine tiefe Verbundenheit mit der natürlichen Welt und erinnert Sie an Ihre Verantwortung, sie zu schützen.

Die Natur verfügt über eine tiefe Weisheit und eine Reihe von Zyklen, die das Funktionieren des Universums bestimmen. Indem Sie diese Zyklen beobachten und daraus lernen, passen Sie Ihren Lebensstil an die natürliche Harmonie an. Beobachten Sie die Jahreszeiten, die Bewegung der Gezeiten, den Auf- und Untergang der Sonne und wie sich Tiere und Pflanzen an diese Veränderungen anpassen. Indem Sie sich auf diese natürlichen Rhythmen einstellen, können Sie Ihre Aktivitäten und spirituellen Praktiken so anpassen, dass sie mit dem Fluss des Universums in Einklang stehen.

Ein Leben im Einklang mit der Natur beinhaltet auch einen bewussten Umgang mit den natürlichen Ressourcen. Gehen Sie bewusst und maßvoll mit Ressourcen wie Wasser, Energie und Nahrung um. Versuchen Sie, übermäßigen Verbrauch zu reduzieren, wiederzuverwenden und zu recyceln, wann immer es möglich ist, und entscheiden Sie sich für erneuerbare

Energiequellen. Mit diesen Maßnahmen tragen Sie zur Erhaltung der natürlichen Ressourcen und des Gleichgewichts auf unserem Planeten bei.

Die Erde ist ein lebendiges und heiliges Wesen, und es ist wichtig, diese Heiligkeit zu ehren. Finden Sie Wege, sich mit der Erde auf ehrfürchtige und respektvolle Weise zu verbinden. Verbringen Sie Zeit im Freien, gehen Sie barfuß im Gras, umarmen Sie Bäume oder halten Sie Dankbarkeitszeremonien an natürlichen Orten ab. Diese Praktiken stärken Ihre Verbindung mit der Erde und lassen Sie die göttliche Präsenz in der gesamten Schöpfung erkennen.

Übernehmen Sie die Verantwortung, ein Hüter der Natur zu sein, sich um die Umwelt zu kümmern und die Rechte der Lebewesen zu verteidigen. Beteiligen Sie sich an Naturschutzinitiativen, unterstützen Sie Umweltorganisationen, seien Sie ein Beispiel für nachhaltige Praktiken. Indem Sie als Hüter der Natur handeln, tragen Sie zur Erhaltung des Planeten und zu einer ausgewogenen und gesunden Zukunft bei.

Ein Leben in Harmonie mit der Natur und dem Universum ist eine Reise des Bewusstseins, der Verbindung und des Respekts. Wenn Sie diese Verbundenheit erkennen und Praktiken der Dankbarkeit, des Lernens und der bewussten Fürsorge anwenden, richten Sie sich auf den Fluss des Universums aus und werden zu einem Akteur des positiven Wandels. Mögen diese Praktiken Sie dazu inspirieren, in Harmonie mit der Natur zu leben und die Schönheit und Weisheit der natürlichen Welt zu ehren und zu bewahren.

37
Beziehungen

Tiefe Verbundenheit

Auf der spirituellen Reise spielen Beziehungen eine grundlegende Rolle für Wachstum, Lernen und Transformation. Wenn du eine tiefere Verbindung mit deinem inneren Selbst und dem Göttlichen suchst, suchst du auch nach bedeutungsvollen und authentischen Verbindungen mit anderen.

Beziehungen sind wie Spiegel, die deine Reise des Wachstums und der Selbsterkenntnis reflektieren. Jeder Mensch, der in dein Leben tritt, bringt wertvolle Lektionen und Lernmöglichkeiten mit sich. Diese Begegnungen sind bedeutungsvoll, denn sie lehren Sie, Liebe, Mitgefühl, Geduld und Vergebung zu üben, grundlegende Fähigkeiten für die spirituelle Entwicklung.

Indem Sie mit anderen in Beziehung treten, werden Sie herausgefordert und inspiriert, sich Aspekten von sich selbst zu stellen, die Sie vielleicht ignorieren oder vermeiden. Diese Erfahrungen tragen zur Erweiterung Ihres Bewusstseins bei und ermöglichen es Ihnen, besser zu verstehen, wer Sie sind und wie Sie mit der Welt um Sie herum interagieren.

Beziehungen sind eine ständige Quelle des Wachstums und des Lernens, denn jeder Mensch, mit dem Sie in Kontakt treten, lehrt Sie etwas Neues über sich selbst und das Leben. Durch die Interaktion mit anderen haben Sie die Möglichkeit, sich Ihren Ängsten zu stellen, Ihre einschränkenden Überzeugungen zu hinterfragen und Ihre Schwächen zu überwinden.

Darüber hinaus bieten Ihnen Beziehungen Unterstützung, Ermutigung und Freude, wenn Sie auf Ihrer spirituellen Reise vorankommen. Sie treffen Menschen, die Sie bei Ihren Zielen unterstützen und Sie ermutigen, auch in schwierigen Zeiten weiterzumachen. Diese positiven Beziehungen tragen dazu bei, dass Sie sich in Ihrem Streben nach persönlichem Wachstum sicherer und entschlossener fühlen.

Es ist wichtig, sich daran zu erinnern, dass es in Beziehungen nicht nur darum geht, was man empfangen kann, sondern auch darum, was man geben kann. Indem Sie in Ihren Beziehungen Liebe und Mitgefühl praktizieren, schaffen Sie einen sicheren und einladenden Raum für andere, in dem auch sie wachsen und sich entwickeln können.

Indem du die Beziehungen in deinem Leben pflegst und wertschätzt, erkennst du die transformative Kraft, die sie auf deinem spirituellen Weg haben. Jede Verbindung, ob kurz- oder langfristig, bringt eine Fülle von Erfahrungen und Erkenntnissen mit sich, die Ihnen helfen, ein bewussterer, mitfühlenderer und liebevollerer Mensch zu werden.

Bevorzugen Sie Beziehungen, die Sie nähren und Ihr spirituelles Wachstum unterstützen. Suchen Sie nach Menschen, die ähnliche Interessen wie Werte und Weltanschauungen teilen. Suchen Sie Verbindungen zu Menschen, die Sie inspirieren, ermutigen und herausfordern, Ihr Bewusstsein zu erweitern. Das können Freunde, Partner, spirituelle Mentoren oder Mitglieder von spirituellen Gemeinschaften sein.

Kultivieren Sie in Ihren Beziehungen Empathie, indem Sie versuchen, die Perspektive anderer zu verstehen und echtes Mitgefühl zu zeigen. Empathie ist die Fähigkeit, sich in die Lage des anderen zu versetzen und seine Erfahrungen und Gefühle zu verstehen. Bedingungslose Liebe ist ein weiterer wichtiger Aspekt. Lieben Sie andere, ohne zu urteilen oder Erwartungen zu haben, erkennen Sie die göttliche Essenz an, die in jedem Menschen wohnt, und lassen Sie sie so sein, wie sie sind.

Der Austausch spiritueller Erfahrungen mit anderen stärkt die Verbindungen und schafft ein Gefühl der Gemeinschaft und gegenseitigen Unterstützung.

Finden Sie Wege, um Ihre Erkenntnisse, spirituellen Praktiken und Geschichten der Transformation mit Gleichgesinnten zu teilen. Dies kann durch aufrichtige Gespräche, die Teilnahme an spirituellen Studiengruppen, Einkehrtage oder spirituelle Veranstaltungen geschehen.

Herausforderungen in Beziehungen sind Gelegenheiten für Wachstum und Heilung. Manchmal kann es in Ihren Beziehungen zu Konflikten, Missverständnissen und herausfordernden Situationen kommen. Betrachten Sie diese Momente als Einladung, Ihr Verständnis zu vertiefen, sich in Vergebung zu üben, Geduld zu entwickeln und liebevolle Lösungen zu suchen. Beziehungsherausforderungen können ein Katalysator für größeres spirituelles Wachstum sein, wenn man ihnen mit Bewusstheit und Lernbereitschaft begegnet.

Denken Sie daran, dass die innere Reise die Grundlage für gesunde und sinnvolle Beziehungen ist. Je tiefer Sie mit sich selbst und Ihrer eigenen Spiritualität verbunden sind, desto authentischer können Sie mit anderen in Beziehung treten. Widmen Sie sich Zeit für Selbstfürsorge, spirituelle Praktiken, Meditation und Selbstreflexion. Wenn Sie Ihr eigenes spirituelles Wachstum fördern, werden Sie den Beziehungen, die Sie pflegen, mehr zu bieten haben.

Der Aufbau und die Pflege tiefer und bedeutungsvoller Beziehungen ist ein wesentlicher

Bestandteil der spirituellen Reise. Wenn Sie sich mit anderen auf authentische und liebevolle Weise verbinden, schaffen Sie ein Feld der gegenseitigen Unterstützung und des Wachstums. Wenn Sie nährende Beziehungen pflegen, sich in bewusster Kommunikation üben und spirituelle Erfahrungen miteinander teilen, tragen Sie zu Ihrer eigenen Erweiterung und zum Gedeihen aller Beteiligten bei.

38
Dienst an anderen

Auf dem spirituellen Weg spielt der Dienst am Nächsten eine grundlegende Rolle. Durch Liebe und Großzügigkeit können Sie Ihre Verbindung mit dem Göttlichen zum Ausdruck bringen und zum kollektiven Wohlbefinden beitragen.

Der Dienst am Nächsten ist ein Ausdruck des Mitgefühls und der altruistischen Liebe. Es ist der bewusste Akt, Zeit, Energie, Fähigkeiten und Ressourcen zum Nutzen und zur Hilfe anderer einzusetzen. Dienst ist nicht auf grandiose Aktionen beschränkt, sondern kann auch in einfachen Gesten der Freundlichkeit zum Ausdruck kommen.

Jeder von uns hat einzigartige Gaben und Fähigkeiten zu bieten. Entdecken Sie Ihre Leidenschaften, Interessen und Talente und finden Sie Wege, sie im Dienst an anderen einzusetzen. Fragen Sie sich, wie Sie Ihre Fähigkeiten einsetzen können, um das Leben anderer Menschen zu verbessern.

Großzügigkeit ist ein weiterer wesentlicher Aspekt des Dienstes. Seien Sie großzügig mit Ihrer Zeit, Ihrer Aufmerksamkeit, Ihren Ressourcen und Ihrer Liebe. Seien Sie bereit, zu teilen, was Sie haben, sei es materiell oder emotional. Bei Großzügigkeit geht es nicht nur darum, materielle Dinge zu geben, sondern auch darum, Mitgefühl, Verständnis und emotionale Unterstützung anzubieten.

Ein Akt der Liebe und des Dienens ist es, präsent zu sein und mit Einfühlungsvermögen zuzuhören, wenn jemand seine Erfahrungen, Herausforderungen oder Freuden mitteilt. Nehmen Sie sich die Zeit, ganz präsent zu sein, aufmerksam zuzuhören und Unterstützung anzubieten. Manchmal brauchen Menschen einfach nur jemanden, der zuhört und versteht.

Eine gute Möglichkeit, anderen zu helfen, ist die ehrenamtliche Arbeit und die Teilnahme an Gemeinschaften. Suchen Sie nach Organisationen oder Gruppen, die mit Ihren Leidenschaften und Werten übereinstimmen, und stellen Sie Ihre Zeit und Ihre Fähigkeiten zur Verfügung. Sie könnten in Notunterkünften arbeiten, bei Lebensmittelsammelaktionen helfen, an Umweltschutzprojekten teilnehmen und vieles mehr.

Unterschätzen Sie nicht die Macht der kleinen Taten der Freundlichkeit. Ein Lächeln, ein freundliches Wort, eine hilfreiche Geste oder ein aufmerksames Zuhören können das Leben eines Menschen entscheidend verändern. Suchen Sie täglich nach Gelegenheiten, kleine Taten der Liebe und Großzügigkeit in Ihren Beziehungen, am Arbeitsplatz oder in Ihrer Gemeinde zu praktizieren.

Auch wenn der Dienst am Nächsten wichtig ist, dürfen Sie nicht vergessen, sich auch um sich selbst zu kümmern. Nehmen Sie sich Zeit für die Selbstfürsorge, um Energie zu tanken und Ihre eigene spirituelle Reise zu fördern. Wenn Sie sich um sich selbst kümmern, werden Sie besser in der Lage sein, anderen auf sinnvolle und nachhaltige Weise zu dienen.

Indem du anderen dienst und Taten der Liebe und Großzügigkeit vollbringst, erweiterst du dein Bewusstsein und verbindest dich mit der tiefsten Essenz der kosmischen Spiritualität. Wenn Sie dienen, werden Sie zu einem Kanal für die göttliche Liebe und stärken das Netz der Verbindung, das alle Wesen in etwas Größerem vereint. Denken Sie daran, dass Dienen keine Pflicht ist, sondern ein Privileg und eine Gelegenheit, zu wachsen und zu einer besseren Welt beizutragen.

Danksagung

Am Ende dieses Buches möchte ich Ihnen, den Leserinnen und Lesern, die sich auf eine spirituelle Reise begeben haben, um diesen Inhalt zu erforschen, meine tiefe Dankbarkeit aussprechen. Es war mir eine Ehre, dieses Wissen und diese Überlegungen mit Ihnen zu teilen.

Auf dieser Reise haben wir verschiedene Themen im Zusammenhang mit der kosmischen Spiritualität erörtert, von Heilung und Energieausgleich bis hin zu bewusster Manifestation und Bewusstseinserweiterung. Ich hoffe aufrichtig, dass die Worte in diesem Buch Ihr Leben in irgendeiner Weise berührt haben und Sie auf Ihrem eigenen spirituellen Weg inspirieren und leiten.

Denken Sie daran, dass die spirituelle Suche eine individuelle und einzigartige Reise ist, und es ist ein Privileg, Sie auf einem Teil Ihrer Reise begleiten zu dürfen. Erinnern Sie sich daran, dass Sie eine immense Kraft in sich tragen und dass die Verbindung mit dem Göttlichen immer zugänglich ist. Bleiben Sie offen, neugierig und engagiert für Ihr persönliches und spirituelles Wachstum.

Ich möchte auch meine Dankbarkeit gegenüber den Lichtwesen zum Ausdruck bringen, die uns inspirieren und leiten. Kosmische Energie und andere Formen der Weisheit geben uns ein tieferes Verständnis von uns selbst, dem Universum und unserer Verbindung zu allem, was ist.

Ich möchte auch denjenigen danken, die direkt zur Entstehung dieses Buches beigetragen haben, von den Forschern und Gelehrten, die ihr Wissen mit uns geteilt haben, bis hin zu den Herausgebern, Gestaltern und dem Redaktionsteam, die geholfen haben, diese Worte zu formen.

Schließlich möchte ich Ihnen, den Leserinnen und Lesern, meinen Dank dafür aussprechen, dass Sie diesem Buch Ihre Zeit und Energie gewidmet haben. Ich hoffe, dass die Informationen und Praktiken, die ich mit Ihnen geteilt habe, für Sie auf Ihrer spirituellen Reise von Nutzen waren. Mögen sie Sie weiterhin inspirieren und Ihren Weg erleuchten, damit Sie sich mit Ihrer göttlichen Essenz verbinden und Ihre wahre kosmische Natur manifestieren können.

Wenn Sie den Ruf verspürt haben, noch tiefer in die kosmische Spiritualität einzutauchen, denken Sie daran, dass dies nur ein Teil des umfangreichen Wissens ist, das zur Verfügung steht. Erforsche, studiere und praktiziere weiter. Lassen Sie sich von Ihrer Intuition leiten und folgen Sie dem Weg, der mit Ihrem Herzen in Resonanz steht.

Möge dieses Buch die Saat der Transformation und des Erwachens in Ihrem Leben gesät haben. Möge es dazu beigetragen haben, Ihr Bewusstsein zu erweitern und Klarheit und Verständnis zu schaffen. Und mögest du inspiriert und ermächtigt voranschreiten und eine Realität erschaffen, die mit deiner authentischen Essenz in Einklang steht.

Mit Liebe, Licht und Dankbarkeit.

www.ingramcontent.com/pod-product-compliance
Lightning Source LLC
LaVergne TN
LVHW040046080526
838202LV00045B/3515